浦锦史话

PUJIN SHIHUA

张乃清 著

上海闵行地方文史丛书

（第二辑）

中西書局

图书在版编目(CIP)数据

浦锦史话/张乃清著. —上海：中西书局，2023
(上海闵行地方文史丛书. 第二辑)
ISBN 978-7-5475-2109-0

Ⅰ. ①浦… Ⅱ. ①张… Ⅲ. ①闵行区—地方史
Ⅳ. ①K295.15

中国国家版本馆 CIP 数据核字(2023)第 074255 号

浦锦史话

张乃清 著

责任编辑	马 沙
封面设计	梁业礼
责任印制	朱人杰
出版发行	上海世纪出版集团 中西書局(www.zxpress.com.cn)
地 址	上海市闵行区号景路 159 弄 B 座(邮政编码：201101)
印 刷	常熟市人民印刷有限公司
开 本	700 毫米×1000 毫米 1/16
印 张	13.25
字 数	190 000
版 次	2023 年 5 月第 1 版 2023 年 5 月第 1 次印刷
书 号	ISBN 978-7-5475-2109-0/K·430
定 价	88.00 元

本书如有质量问题，请与承印厂联系。电话：0512-52601369

上海闵行地方文史丛书

编委会

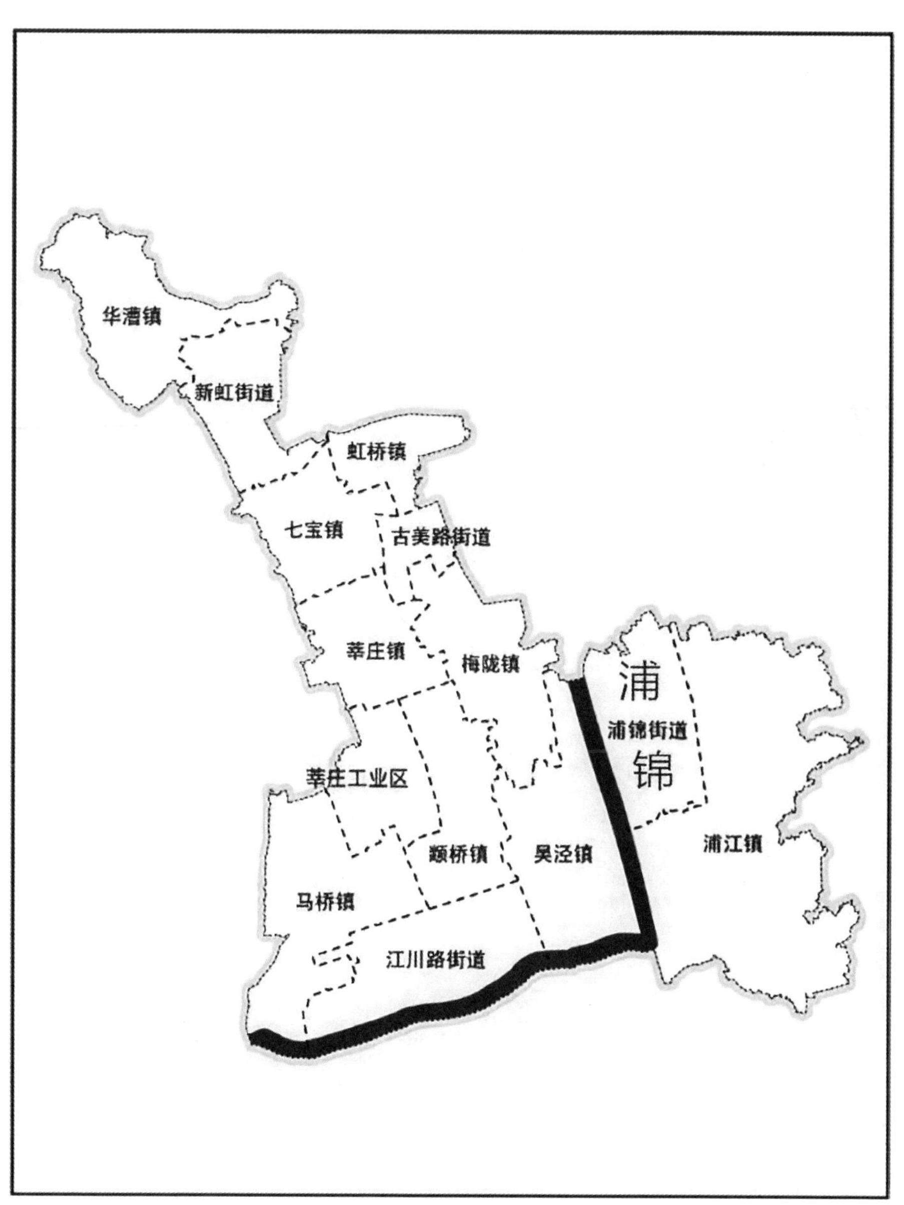

华漕镇
新虹街道
虹桥镇
七宝镇
古美路街道
莘庄镇
梅陇镇
浦
浦锦街道
锦
莘庄工业区
颛桥镇
吴泾镇
浦江镇
马桥镇
江川路街道

闵行区行政区图

2015 年浦锦街道地图

前言

Preface

2015年6月16日，经上海市人民政府批复，将浦江镇的浦星路以西，丰收村和亭子村南面现有村界以北区域划出，设立浦锦街道。7月2日，闵行区浦锦街道办事处正式挂牌成立。

浦锦街道境内现有16个文物保护点，这仅是如今可以直接触摸到的历史文化遗存，而在历史上，这片土地拥有多处三国时代古迹和历代漕运干河周浦塘，上千年的历史文化遗存使这里的文化传统底蕴深厚，影响久远。这里自明万历年间走向兴盛，形成独特的文化空间，清代成为“穿靴戴顶之乡”，近代社会转型领时代风气之先，拥有历史名镇陈行老镇和秦荣光、秦锡田、胡祖德、孔祥百等著名乡贤，享誉江南。这里又是国家级非物质文化遗产保护项目“沪谚”的原生地，乡音情韵至今依旧浓似酒，令人刮目相待。

这里的历史文化资源极为丰富，既具有江南文化的底蕴，又有海派乡土的特色，具有较高的历史、文化和社会价值。书中所记载的那些历尽沧桑或历久弥新的历史文化遗存，都是乡土文化的瑰宝，蕴含着深深的“乡愁”。

习近平总书记告诉我们:“乡愁就是你离开这个地方会想念的。”而一些乡村在变为城镇的过程中，虽然社会形态面貌一新，但能让人留恋的东西却荡然无存，以致“乡愁”无处安放，造成乡人的情感伤痛。这既不符合以人为核心的新型城镇化的时代要求，又不符合延续历史文化脉络的发展规律。

优秀传统文化是中华民族的精神命脉。保护传统文化，挖掘乡土文化，留住美丽乡愁，呵护集体记忆，不仅仅是一种情怀，更是人们延续历史文化脉络、追求更加富足的精神生活的必然要求。历史在发生变化，应当将乡愁从抽象的感情逐渐发展成为一种文化符号,成为一种看得见、摸得着的具体表达。如果仅仅留住某些乡村集体记忆而不进行呵护,使其“活化”,永葆“温度”,那么乡土文化就会逐渐失去原有魅力。如果把乡土文化的保护与开发权转交给开发商,往往会肆意毁坏传统,这样的“再生乡土”看上去具有欣赏价值,而真正走进去细看,就会发现那只是空壳,传统乡土文化已经死去。生活不是被设计的,唯有自生自长的本土文化保持活态,乡愁才有无尽的生命力。每一处乡土,都有一个只属于自己的永恒追求,而引路者就是那些生于斯长于斯的传承人。因此,必须站在新的历史起点上,准确理解乡愁,充分释放它的精神动力,让情感得到共鸣,让价值得到认同,才能凝聚民心,共同建设好具有中国特色的社会主义大家园,实现中华民族伟大复兴的中国梦。

坚定文化自信,为百姓留住乡愁念想,让家园情怀有守望之地,历史文脉有寻根之处,重礼厚德等核心价值观有承载之所,这是时代赋予当代人的重大使命。

目录 / Contents

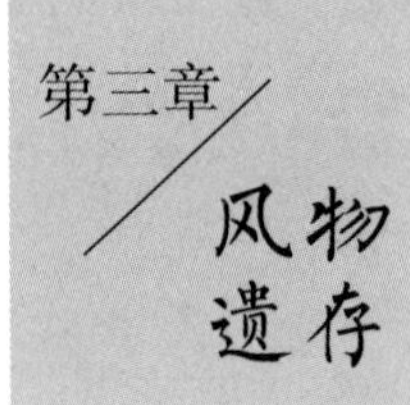

附录

第一章 乡土变迁

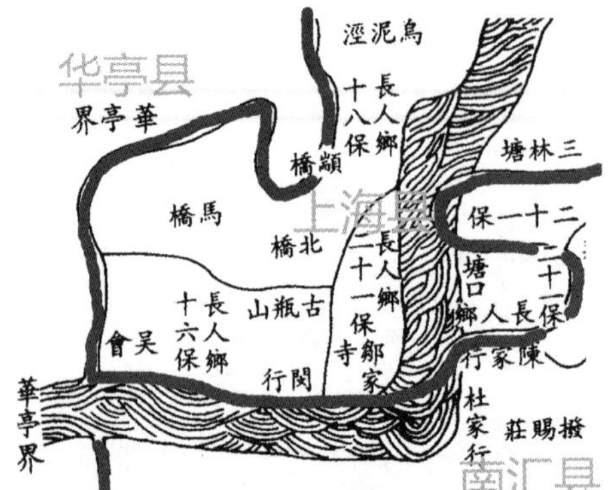

清雍正四年分建南汇县

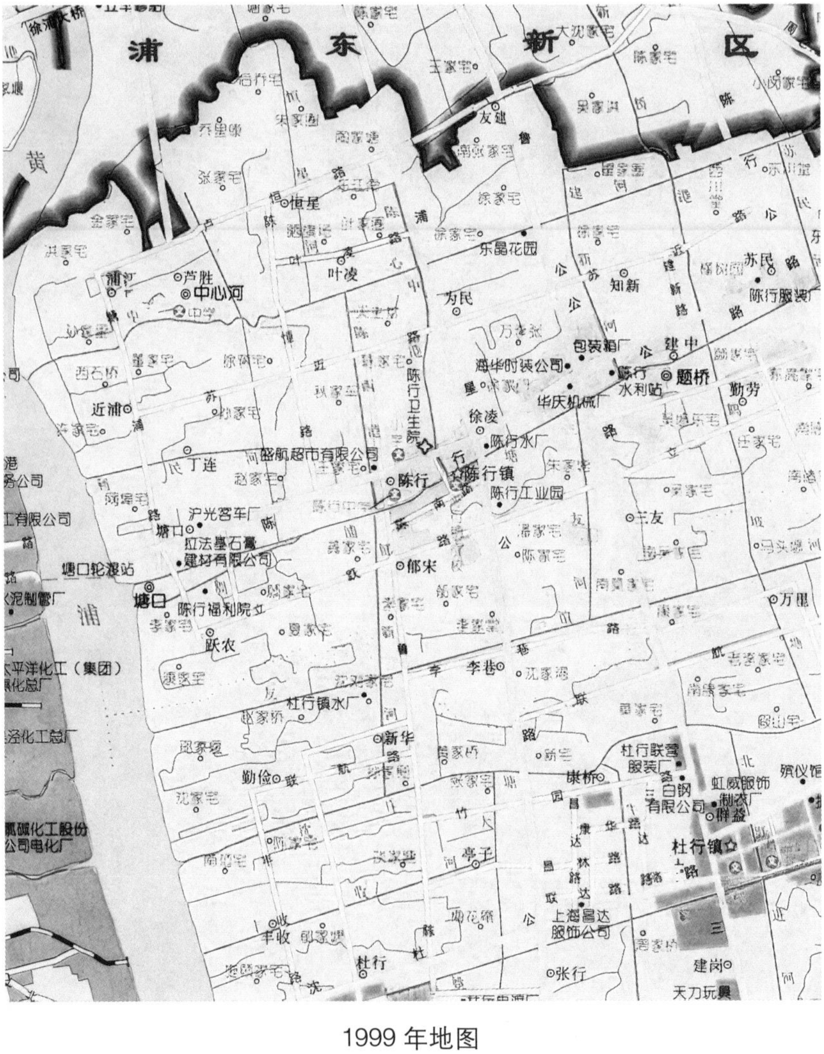

1999 年地图

三国时代遗存

回望三国时代

春秋战国(公元前770—前221)时,如今的浦锦街道境还是一片广阔的海滩,东面则是茫茫东海。直至唐开元元年(713),重筑捍海塘堤时,海岸线东移,尚在如今的周浦、北蔡、航头一带。

明永乐年间,黄浦江改道以前,上海地区还没有形成浦东与浦西有别的格局,而是百里相连、一马平川、百川归海、水网如织,只是以古冈身为界分为东乡与西乡。

这里人称东乡,由新涨的海滩成陆,到处是沼泽地,人迹罕见。而如今沪闵公路所处的古冈身因地势高亢,乡人聚集垦荒,冈身之西则虽有山有湖,却大多为低洼地块,以致数百年间东乡与西乡之间人际交往较少,后人戏称"东乡人只看见芦头,西乡人只看见石头"。

因东乡一带满目荒野,等待开发,2 000多年以前便有流民抓住机遇,陆续从太湖流域顺势东迁到这里,或垦荒耕作,或临海晒盐,定居谋生,繁衍子孙。

自三国时代(220—280)起,当政者安排官兵在这里扎寨驻防,征收漕粮。相传,当时有鲁姓兄弟俩奉命驻守在此,后来索性就地建立自己的家园,便有了鲁家宅(今丁连村八组)。周浦塘畔的徐凌村梅园宅,以前的村民均为孙姓，相传是三国吴主孙权的后裔。黄浦江边的陈家圈（今近浦村二组），相传是孙权手下养马人陈存成家立业之地，因此人称千年老宅。

由此可见，这里是浦东开发的源头，这里乡民的祖先是第一批开拓者。

三处千古遗迹

吴国郡主孙权（182—252，字仲谋，吴郡富春人）和吴国宰相陆逊（183—245，本名陆议，字伯言，吴郡吴县人）都十分喜爱游猎。这里，有几处草木极为茂密，被称作“五茸”之地。成群结队的飞禽野兽栖息其间，自然成了孙权等人驰马游猎的好地方，于是到处留下了“吴主猎场”与“陆机茸”的遗迹和传说。

如今的恒星村四组华家宅，相传当年就是孙权等人最主要的射猎场。元代，上海建县时，这里就被称作“射猎村”。设立射猎庙，时有庙屋 48 间，庙内供城隍、观音、武圣帝、孟公等，十月初一、初二有庙会。直至清末民初，香火历代未绝。1979 年，射猎庙被改建为队办企业用房。

如今的叶凌村五组，史称“晒旗场”，乡人戏称“小鸡场”。相传，孙权率队射猎时突然遇到暴雨，一时无处藏身，翩翩猎旗均被雨水浇湿，雨停之后只好就地晾晒。于是，后来便有了“晒旗场”这一地名，至今犹存。

在周浦塘南岸，如今的跃农村二组，相传当年孙权率队狩猎时，这里时常呈现“六军排马马成行”的场面，声势浩大，令乡人难忘。因此，被乡人视为纳福之地，特意在此设立排马庙（俗称“排王庙”）祭祀，香火历代不绝。庙屋先后移作凤家大队办公室、生产队仓库和跃农小学用房。

射猎村、晒旗场、排马庙，这三处三国时代的遗迹地处周浦塘南北，涉及方圆数千米，可见当年贵胄们纵情游猎之举，是何等潇洒。而当他们遇到大雨时却无处藏身，又可见当时这里居人稀少，一片荒野。但不管如何，这里“南去晒旗场咫尺，排马南岸迹千秋”，乡人对此尊崇，为之自豪，因此这里的射猎庙和排马庙历代有里人捐资修葺，还捐义田以保香火不断，每逢农历十月初一、初二必有庙会，当地称“十月朝”。这种传统风俗千年相传，深刻地影响了一代又一代乡人的精神世界，孕育了独具特色的乡土文化。

并非历史巧合

2015 年 7 月 2 日，闵行区浦锦街道办事处正式挂牌成立。这里从“大浦江”析出而建立街道，主要是为了让这里的现代城市化建设得到更快、更好的发展。

浦锦街道的命名，取自贯穿中心区域的南北轴向主干道浦锦路。“浦”源自历史记忆，承载着从浦江镇析出的深厚渊源和地处浦江之滨的人文情感；“锦”则蕴含着对未来发展“锦上添花”、建设“锦绣家园”的美好祝愿和期待。

令人惊叹的是，三处千古遗迹一并划入浦锦街道境内。这不是历史的巧合，而是必然的历史发展趋势：当年浦东开发从这里起步，如今这里建设“锦绣家园”的步伐必将走得更快。

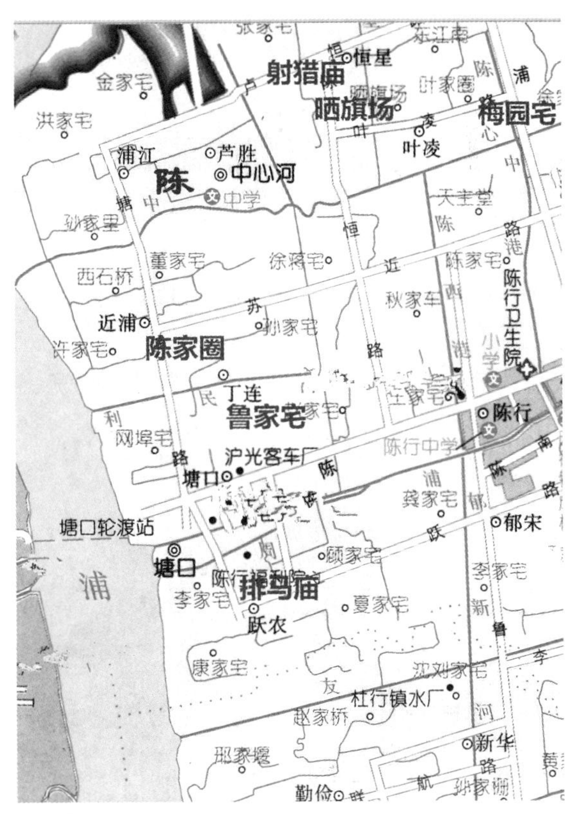

射猎庙、晒旗场、排马庙三处遗址示意地图

1948 年“射猎村”“晒旗场”一带地图

万历年间走向兴盛

纺织之乡

元末，出生于乌泥泾的黄道婆流落崖州30余年，返回故里后向乡民传授整套棉纺织技术，必然也来到周浦塘流域传艺。因此，明代这里的植棉和手工纺织业兴盛，乡人所织"东套布"不仅数量多，而且具有纱支匀细、布身坚密等优点，结实耐穿，号称标布。徐蔚南所著《上海棉布》称："幅阔尺许，匹长二丈许者为标布。有平梢套段之分，总名大布，出三林塘、陈家行，价最贵。"周浦塘南宋家老宅乡民织的布最为细密，人称"宋家尖"。陈行市北的陆家宅当年是知名的轧花场，日出花衣数十担。乡民家家纺纱织布，人手多的户家有几架布机和纺车。少女七八岁即学纺纱，十一二岁就会织布。连纺带织，一般六天制成一匹布。

这里自古"布机声轧出茅檐，织妇双搀十指尖。蓬首晨兴遥入市，妇家手挈米和盐"。乡民耕田种粮以赋官税，而家庭经济主要靠手工纺织，这种安居自给的生活，使他们形成足不远涉的习俗。

世道多变

明永乐年间，"江浦合流"，黄浦江改道之后，形成了浦东和浦西的新格局。周浦塘随之变成漕运干河,占据举足轻重的地位,其南北两岸也由穷乡僻壤变成紧靠黄浦江的要塞之地,以至整个地区逐渐敞开胸襟,吸纳八面来风,促使封闭型的农耕社会走向开放。眼看南面的杜家行已经筑起“石皮街”形成市镇,那里的杜氏家族宅第连片、人才辈出,名扬松江府,这里的乡民不由心头发热。

成化年间(1465—1487),东面的长寿寺崛起,成为地区热点。嘉靖二年(1523),周浦塘再次疏浚,这里的乡民乐享其成。

不料,到了嘉靖三十二年(1553),一场大难突然扑面而来。日本倭寇大肆骚扰我国沿海,四月十五日至六月二十七日五次入侵上海县境,大肆抢掠,无恶不作。浦西名镇乌泥泾、吴会里“树大招风”,首先遭难被毁。第二年,倭寇会集于黄浦江沿岸作恶,周浦、三林塘、闵行镇接连遭劫。上海县城军民突击修筑起城墙,自卫反击。倭寇围城40多天没能攻破,顿时恼羞成怒,回头又沿黄浦江而下,再次疯狂抢掠,以致浦西乌泥泾镇成为一片焦土。浦东三林塘镇被火烧了一大半,刚刚形成市镇的杜家行十室九空。以叶明为首的海盗驻扎在周浦,时常沿周浦塘到长寿寺一带袭扰,“金方坟”宅遭焚掠成了废墟。

直到嘉靖三十四年(1555),这场“倭患”才告结束。这里的村宅有幸与倭寇擦肩而过,但乡民们遭受的惊吓难以抹去。

嘉靖四十二年(1563)起,幸存且破损的长寿寺进行修复。整个工程历时17年才恢复原貌,周浦塘流域随之重现生机。

初建陈家行

万历元年(1573)秋季,陈球从浙江运送木排来沪销售。

据《陈行陈氏宗谱》称,陈球先世为广东南海县泌涌堡沙贝乡(今属佛山市)人,族中有数位名士。明弘治十八年(1505),陈锡中进士,任福建布政使。陈锡之子陈绍儒(字师孔)为嘉靖十七年(1538)进士,任湖广按察使、南京工部尚书。其孙陈熙昌为万历四十四年(1616)进士,任户部郎中。万历

四十七年(1619),陈熙昌之子陈子壮探花及第,官至南明兵部尚书、东阁大学士。而陈球的祖父陈绍文一直未能走通仕途,索性弃学,迁居浙江经商。

陈球驾木排沿黄浦江而行,不料遇上风浪,木排不幸散架而漂入周浦塘。

幸好周浦塘曲曲弯弯,水流缓慢,他们边追边截,终于在一个湾塘边拦住了大部分木材。当地人闻讯纷纷赶来相助,才把木材打捞上岸。雨过天晴,为了感谢乡民们的帮助,陈球就地将木材廉价出售,引起了轰动。陈球认定此处必有情缘,愿做定点经营,创建家业。为了报恩,陈球不辞辛劳,运来一批批木材,以平价出售,真心实意地善待本地乡民。不出几年,生意越做越好,“陈家木行”名声远扬。

陈球及儿子陈仰愚借助叔侄家的资助,在此又开设了南货店、米店,用心经营,渐成市面。

这时,徽商子弟胡少刚来到这里。他是徽州府绩溪县人,家境并不富裕,未成年即外出寻找可以谋生的码头。明末,他怀揣几两碎银跑来拐去,一脚闯进上海滩,几经周折,来到“陈家行”,一眼认定这里大有商机。他欣然在这里租房设店,贩卖家乡土产,做起小本生意。因为人厚道,人缘很好,获利不薄。于是,他决意今生就在此定居开店。娶本地女郁氏成婚后,生下儿子胡君美,便从家乡运来价廉物美的砖石木材,自建富有徽派特色的沿街门面房屋,正式经营米行,尽心开创家业。

胡君美成年后,娶蔡氏,接连生了胡信芝、胡瑞芝、胡芳芝三个儿子。胡少刚皆大欢喜,埋头苦干,坚持不懈。胡芳芝长大后,以米行起家,撑起了胡氏家族的门面。

随着开店者日增,聚居者日众,这里的街市初具规模。陈氏、胡氏发起在周浦塘上兴建了一座跨塘木桥,街市随之迅猛拓展。

陈仰愚的两个儿子陈君美、陈君瑞分占市桥南北的地盘,各繁衍一支。桥北一支以崇训堂为主,更显兴旺。

万历四十八年(1620),陈家木行西首建了一座武庙(俗称“关帝庙”),市面更加热闹,标志着“陈家行”市镇全面形成。

同时,这里所产的蒲包名扬八方。每逢初秋,远近二三十里内都来此购买,为此集市上增设羊肉面以饷远客,时人称颂:“陈行出品是蒲包,外密中宽口更牢,才到新秋齐上市,远来顾客饷羊羔。”

胡少刚的子孙热衷经营米行,家族人丁兴旺,胡氏米行越开越多,还开到了题桥镇。

同期,秦良颢七代孙秦钺入赘到陈家行附近的潘家宅,成为陈行秦氏的始迁祖。秦钺生一子,名清。再传五代后,子孙繁多,人才辈出,家族逐步重新兴旺。

村宅群起

同时期,题桥市镇凭借长寿寺的人气,成为当地主要的布、米、盐集散地。

周浦塘黄浦江入口处建有越江船渡口,并集聚了一批渔民,时有候潮、避风的船只在此停泊,每逢春末夏初,更是帆船云集。此时,渡口边也形成了集市,人称“塘口”。这里建有一座武圣宫后,每月初一、十五,香客会聚,更显热闹。

随着本地人口增多,周浦塘沿岸的大小村宅持续拓展,胜似星罗棋布。至明末,这里除陈行镇和东面的长寿寺及题桥镇之外,还涌现了一些规模较大的村宅和族群,其中有王家宅(今陈行村三组)、赵家宅(今陈行村四组)、张家宅(今芦胜村十组)、乔家宅(今恒星村)、凌家门(今恒星村十组)、九思石桥(今恒星村二组)、庞家圈(今浦江村五组)、王家宅(今叶凌村四组)、大连家宅(今丁连村)、凤家宅(今跃农村三组)、大刘家宅(今属徐凌村)、徐家门(今属徐凌村)等。

从此,整个周浦塘下游地区开始了经济社会的转型,逐步跨入了新的时代。

清代成为“穿靴戴顶之乡”

七图相守上海县

清雍正四年(1726),从上海县析出长人乡与下沙盐场,分建南汇县。划定辖区时,因为这里是“上海县城隍”秦裕伯的故乡,长人乡二十一保特意留下十六图、十七图、二十图、二十五图、二十八图、二十九图、三十图等七个图(古称里,清代始用的区划名称)仍属上海县。其中,陈家行属十六图;陈行市南、李巷、三官堂(今郁宋村、李巷村)属十七图,东至康家庵;题桥市属二十八图,南至吴家巷、长寿寺、毛家堰等(今建中村、勤劳村);题桥市东南、仓桥、赵家荡、计家角、顾家厅等(今三友村、勤劳村)属二十图;题桥市南、诸家石桥、厍里、草庵、梁家角等(今勤劳村)属二十五图;塘口市属二十九图,北至徐蒋宅,南至排马庙(今塘口村、丁连村、跃农村);陈行市北、斗姥堂、陶家桥、陆家庵等(今徐凌村、为民村)属三十图。当时共有乡民1万多人。

这七个图均地处周浦塘下游地区,形成奇特的“孤岛”现象。因此,尽管周边三面被南汇县包围,尽管地区政权机构名称多变,而这里700年间始终属上海县管辖,史称“七图相守上海县”。

数百年来,由于这里区划建置相对稳定、远离尘嚣,安于浦东一隅,虽然

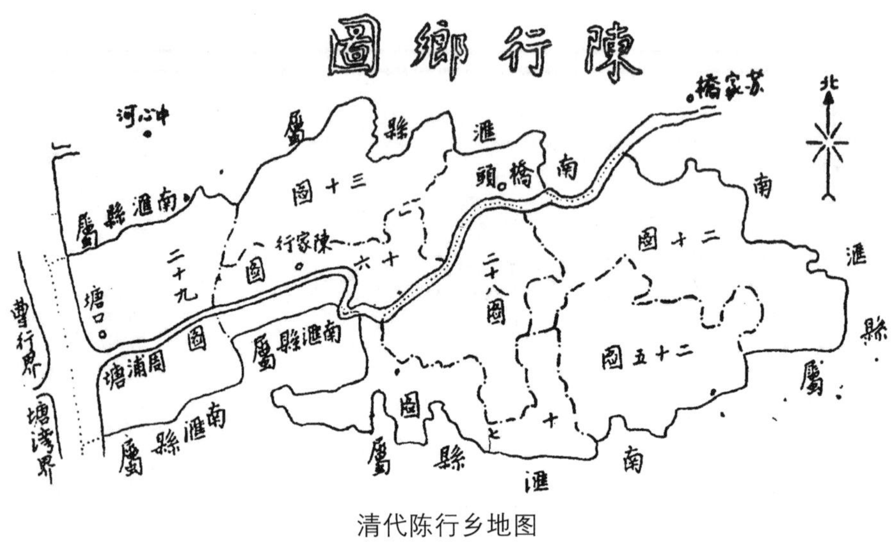

清代陈行乡地图

地处僻乡，却是声名显赫。因此，这里不但人文历史悠久，而且文脉清晰、传承有序、积淀丰厚、个性鲜明。

这里的人们“逢熟吃熟，自得其乐”，为人敦厚、处事豁达，爱称“大老倌”；生性乐观、讲究务实，多娶“大娘子”。他们始终眷恋故土，有志护乡图强，甘于守望家园，不图远行谋利，主张“工不越乡，商不越苏杭，士总在故乡”。因而这里既是个“穿靴戴顶之乡”，又是个相对特立独行的文化空间。

刘念椿耕读成才

步入清代，本地耕读传家的风习更盛。

刘念椿，字古年，陈行镇东刘家宅人。刘家世代务农，而刘念椿自幼父母双亡，与兄长刘贞吉相依为命，生活更加艰难，但他有志奋进、刻苦攻读，企望改变命运。

清康熙二十一年（1682），刘念椿初次赴松江府学应试，获第六名，信心倍增。有钱人家靠捐纳也能获得学籍，而他全凭且耕且读的努力，上学

要走三四十里路，每天晨出暮归，途中默记，到家温习。夏天踏水车时常高声朗诵，胜似田歌。一次与妻子一起耕田，他忽然仰天大笑，妻子叹息："晚饭还没着落，有何快乐？"他却得意地说："有了，有了，难得想到几句好诗句啊！"

康熙二十九年（1690），兄长刘贞吉考中举人。刘念椿奋进直追，三年后也考中了举人。他又在家且耕且读 16 年，于康熙四十八年（1709）赴京应试，殿试考中三甲第七十五名进士，授内阁中书。后来，出任安徽凤阳府教授。

于是，刘念椿合家迁到陈行镇上，建造新宅，诰命大匾高挂堂中，人称"刘家厅"。世代务农的刘氏家族就此显赫，令乡人刮目相待。为此，乡人一句戏谑成为俚语："考场里去撤个屁，为祖宗大人争口气。"

陈球后裔

清乾隆年间，陈球六世孙陈六佾（字甸封）建起留耕堂、七世孙陈作霖筑起锦心堂时，陈氏已成为这里的望族。

可惜，陈作霖刚刚成家立业，才 20 岁出头就暴病身亡。新婚妻子陈秦氏就此在锦心堂守寡。陈秦氏不但坚持守寡到老，而且对公公所纳的小妾马氏也十分尊重。马氏生下了儿子陈经福，陈秦氏对经福像亲生儿子一样百般照料，终于把他抚养成人，出道做了官。

后来陈秦氏老得再也起不了身，陈经福十分感激她，无以回报，就一再向朝廷申请，要为嫂嫂建一座贞节牌坊。而陈秦氏得知消息后，再三阻止经福建牌坊，说："建牌坊只是看看，倒不如造几座桥让后人享享福。"于是，陈经福用建牌坊的石料去造石桥，造了一座又一座。最后剩下一些余料，再造一座不够，就此闲弃又太可惜，陈秦氏就捐出自己纺纱织布积蓄的铜钿，添置石料，在西虢子港上造了一座平板小石桥。这桥虽小，也没人正式题过名，但是远近闻名，人称"节芳桥"。

陈氏家族在这里至今繁衍了至少十八代。

秦氏构建书香门第

秦钺迁入陈行镇后的七世孙秦益衍(1733—1786),字封域,号见心,十分敬重刘念椿苦读成功的精神,辟出家园绥禄堂一侧,又重金聘来名师,开设柠云书屋,供子孙读书,盼其成龙。儿子秦梦鹤(1756—1812,又名大鹏,字飞万,号羽卿)在家苦读后,17岁考入松江府学,后终于成了秀才。当时横沔鹤滩的祝尔和是富豪,愿将爱女许配给他,又要他入赘祝家,秦梦鹤将旧屋让给兄弟,自辟新宅建了玉涵堂。可惜后来他屡试不中,怀才不遇,以致终日徜徉诗酒,留下一卷《玉涵堂诗抄》就去世了。秦梦鹤有子秦延燮、秦延型、秦延简。秦延燮有子秦诵莪,另建居赞堂(后称“养真堂”)。秦延型续建玉涵堂,有子秦始翰、秦始詹、秦始科、秦始道。

陈行秦氏从秦梦鹤起,读书成风,世代相传,由簪缨世家转变为一个青衿世家。秦氏后人称之“朱漆墙门六扇开,昔从吴世港迁来。青衿却比簪缨盛,百八十年廿秀才”。其间,涌现了性格豪爽、勇于任事的秦惟梅(1786—1867,字作和,号治香);以“铁笔钟鼎文”著称,富收藏、精鉴别、工篆刻的秦始詹(字啸尹,号柳杉);善画梅菊,书法韶秀,巧手植出成为地方特产“套板葫芦”的秦始道(?—1876,字贯卿)及子秦再增(1851—1938,字杏坪)等。

秦荣光(1841—1904),字炳如,号月汀,坚持“独善其身,兼济天下”,尽心护乡图强,致力于地方改革,在修路铺桥、兴修水利、社会治安诸方面取得成效。从事教育40余年,创设三林书院,倡办义塾。博学能文,殚心书史,重于求实,人称“浦东大师”。光绪十九年(1893),其子秦锡田与秦锡圭兄弟同榜中举,两年后秦锡圭登科中进士。

秦荣光胞弟秦乃歌(1845—1915),字笛桥,号又词,悬壶济世,致精于医二十年如一日。其子秦锡祺(1874—1934,字寿农,号庸庵)、其孙秦伯未(名之济,号又亲、谦斋,以字行)也享誉医坛,陈行秦氏诒谷堂成为上海名医世家。

胡氏子弟各显其能

清嘉庆年间，胡少刚七世孙胡国佐（字廷若）在陈行镇上开设公和米行。他一向为人宽厚，贫困者上门有所赊欠，均应允放手，而且任何人来买米，都会添一把，人称“胡廷若量米再试一票”。他儿子胡锡嘉出道后，又增开公茂花米行，不但经营米粮，还收购乡民织的棉布，销到上海县城的沙船号去，换成豆饼，运回店里出售。道光年间，胡锡嘉在市北的天落浜（今为民村瞿家里）购屋三间，与兄弟胡锡昌（字鸣盛）一起开设了公盛米行。他热心乐施公益之事，捐资修建两座石桥，重修关帝庙时捐了一堂方砖。

然而，胡氏八世孙胡式钰（1781—1849，字琢如，号青坳）是陈行胡氏的另类。他生于清乾隆四十六年九月。祖母凌氏十分疼爱他，见其自幼聪明，就命其父母竭力供读。嘉庆五年（1800）庚申科试，胡式钰时年 19 岁，以第十名考取上海县学庠生。他能文工诗，心气日增，志在四方，不愿就此被淹没在家乡，决意外出闯荡。此后近 20 年，他游历了江苏、山东、河北、山西、河南诸省，一路饱览名山大川、风霜沙漠，促其诗情溢发。可惜，总感觉怀才不遇，结果带着一箱诗稿返归故乡。

道光三年（1823），胡式钰年已 42 岁，应癸未岁试，名列第一，仍为上海县学庠生。这时，父亲胡廷友、母亲杨氏以及兄长均已去世，祖母要他继续赴考，而他已经失望，在长寿寺西的南杨家宅建臞园隐居。园中植了不少梅花和葡萄，又集了些奇石，自得其乐。

道光四年（1824），胡式钰将前 20 年间游走天下时写下的数百首见闻诗，汇集成《寸草堂诗抄》十三卷。后来，又花了 3 年多时间，将所阅杂录编辑成书，题名《窦存》，于道光二十一年（1841）刊印问世。

胡式钰还创辑《胡氏宗谱》。

道光二十九年（1849）十一月，胡式钰逝世，年 68 岁。他的经历深刻地影响了陈行胡氏子弟，就此认定“物离乡贵，人离乡贱”，形成“商不越苏杭，士总在故乡”的共识，后辈大多足不远涉，一心扎在家乡谋生创业。

其子胡迪彝,字笛君,为诸生,精于“畴人之学”(畴人即科技教育的传人)。

侄儿胡迪训在陈行镇经营胡信义米行,后建造三层新楼,成为镇上店铺巨头。其子胡伦大(名忠雄,字芴卿),孙胡能让(字楠生)、胡能守。胡能让生子胡汉文(1935 年留学美国)、胡汉章。

侄儿胡迪吉经营胡信成米行。其子胡勋大(字蓼庄,国学监生),于光绪二十六年(1900)左右增建房三进,正厅为三寿堂,二进内厅为惟勤堂。其孙胡能谱(字树堂,号琴甫),1912 年任陈行乡议员。

族弟胡元澳,字蒃村,为诸生,辑成《医方粹编》八卷。胡湘谷,以琵琶称绝。

孔子裔孙

清雍正年间,孔子六十七代孙孔式书,举家从周浦镇迁到陈行老街定居。其父亲孔鹏,顺治年间监生,时任江西省广信府知府。

孔子七十五代孙孔祥百(1866—1938),字志怡。曾祖父孔昭,祖父孔昆智,父亲孔裕佳(谱名繁经),三代皆为监生。母亲孙氏。孔祥百自幼丧父,未及中年连丧两弟,刚至晚年丧妻并连丧两子,不幸的人生遭遇并没有改变他热衷教育事业的意志。36 岁时受秦荣光派遣,赴日留学(光绪二十八年五月入弘文学院速成师范,十一月毕业)。归来后,即在三林学校任教,历任陈行乡议会副议长、上海县教育委员、江苏省立第一师范学校舍监及浦东中学、民立中学教师。他思想新颖,熟读古今名人诗集,撷

孔祥百

其精华，作品豪而不粗，华而不缛，清而不薄，有《度帆楼诗稿》四卷传世。生子孔令甲。

1938 年，因日寇横行，孔祥百乡居不宁，义愤填膺，触发旧疾，卧床不起，含恨去世，终年 73 岁。秦锡田闻讯含悲接连撰写《三林校友会祭孔志怡先生文》《仁社祭孔志怡君文》和《上海县茂才孔府君家传》。

孔祥百胞弟孔祥里（1868—1905），字志馨，早年曾拜青浦名医陈莲舫为师，后也奉秦荣光之命赴日留学。回国后在三林高等小学任教，协助秦锡田创办陈行正本女校。他富思想、善谈论、有才干，喜爱书画、吟咏和金石，所画梅兰竹菊墨彩飞腾。可惜因患肺病而早逝，留下《乐在斋诗稿》二卷、《退颖盦印存》四卷、《日本游记》四卷、《陈徵君医案》十六卷、《横泖病鸿医案》二卷。其长子孔令闻，早故。次子孔令穀。

孔令甲（1896—1957），字汉布。1919 年，上海同济医工专门学校毕业。先后任礼和洋行、谦和洋行工程师，娶杨月如之女为妻。后创建华美刀片厂，兼法华电话机件厂、土山湾远东实业厂厂长。后任上海铅笔厂厂长。1947 年 1 月，当选上海县参议会参议员。

孔令穀（1901—1978），字君诒，号穀人。江苏省立第二师范学校毕业，长期从事教育工作，曾任洋泾中学（私立江东初级中学）校长。抗日战争时期赴大西南，为著名历史学家、书法家，著有《蛮风夏征录》《原始民族咒术》等。

书生不信拳师

这里，尽管依然是偏僻之地，但已经无法远离尘嚣，也无法抵御外界的袭扰。清乾隆初年，一位武术高手的到来，引起了当地人的强烈反响。

此人真名叫谢孝谟，绝非平庸之辈。他拳术极精，武略超群，曾在雍正年间抚远大将军年羹尧手下充当飞鼠兵，能昼伏夜行，一跃数丈。年羹尧曾是雍正皇帝的心腹干将，后因恃势骄纵，遭世宗猜忌，后被下狱赐死。主子事败后，谢孝谟改头换面，历经艰险，一避竟避到了这个连当时的浦东人也不知晓的印厢圈。

此地村小人少，宅边有河浜围如圈，形似一个小岛，因进出不便，常年少有外人前来光顾。谢孝谟避在此地当农夫，学会了耕作，就此一避就过去了20年。但他毕竟武艺在身，见平安无事，空闲时节也会有意当众露几手，过过瘾。当时，世道多变，天下不太平，人心不踏实，因此当地喜欢习武的青年人都想跟他学几手防身的本领。

村里有个陈天门，敬佩谢孝谟的武艺，暗中拜他为师。没几年工夫，陈天门练得勇健出众，力大惊人。但是从拜师开始，谢孝谟就叮嘱他，走出村宅就不可以显露拳脚功夫，以防不测。一次，陈天门跟朋友一起到松江城里去逛逛，走过提督署，正巧遇到提督大人办喜事，来往行人被堵在街口，一等就是半个时辰。陈天门见此排场，心中实在不痛快，见提督大人扬长而去，就急步上前，随手掇起门口的两头石狮子，将署衙大门给堵上了。守门的衙役见他竟有如此力道，目瞪口呆，束手无策。

此事传开，浦东人又惊又喜，“印厢圈里出拳师”成了一大新闻，附近的好奇者纷纷赶到印厢圈，要向陈天门拜师学艺。连陈行镇上以书香门第著称的秦家，也有秦风喈等前去学了几手绝招。印厢圈内外一时闹哄哄，而谢孝谟依旧十分谨慎，一直隐在人背后，以至绝少有人知晓真正的武林高手是他，而陈天门只是他的徒弟。

然而，只好似一阵旋风刮过，这里的民风并无大变，文、商世家出身的乡绅们崇尚的与人为善、乐施好义，依然是陈行人生活的准则；孝子、节妇、善举，依然是历代弘扬的楷模。那几个拳师，更是没能挡住世道的变迁。

近代社会转型领风气之先

多数陈行人可能并不知晓，自己的家乡地竟然是不少历史研究者关注的热点。近十多年来，日本一桥大学社会学研究科教授佐藤仁史，一直将近代时期的陈行镇作为他研究我国明清历史的主要个案之一。近年出版的专著《近代中国的乡土意识》中有将近三分之一的篇幅涉及陈行的人、事、物。一个日本教授如此关注和重视陈行镇的近代史，再次说明其中蕴藏着不可低估的特殊价值。

让我们共同关注陈行镇的近代风情。

乡村新秩序

清光绪年间，秦荣光除了创办三林书院、培育地方人才外，还一心护乡图强、改良社会。他按照自己的思想，认为乡间应当抓紧破除旧俗，建立新秩序。于是，他在陈行镇及周边乡村开展了一系列社会改革。

秦荣光认为："人生最苦四穷民，夫死亲亡家极贫。恰有蚁媒来诱惑，竟堕陷阱误终身。夫死家存数亩田，自耕自种度残年。族人觊产勾媒贩，抢出家门去卖钱。"乡村民众一向养儿为防老，可有些老年人过于依恋子女而生活得十分艰难。有些年轻寡妇因苦守而难以自给、心神迷乱。诱拐青年妇女的“蚁媒”者趁机为谋利而无事生非，也有因族人觊觎遗产而利用“媒贩”闯进青年寡妇家去威逼利诱，“抢孀逼醮”，甚至有些“媒贩”到极为贫困的农家明目张胆地出价拐卖农妇，而乡间农妇“鲜有不明媒正娶者，当其婚时，茶礼衣饰有费，亲族酒食有费，结亲诸色人等各有费，在中下户犹必罄竭数年储蓄，下户人家都有集会典贷债累半生者”，一旦一家之妇女被拐卖，则无力再娶，简直“鳏人之夫，独人之父，孤人之子，而且坏人名节也，破人家室也，绝人宗祀也，直杀人不持刃、不见血也，直杀人本身更杀及人父祖子孙也”。这些问题，严重扰乱了地方治安。

秦荣光对此危害社会之事深恶痛绝，几次向上海知县提出诉求，一针见血地指出这是“城厢租界等处五方杂糅”，其间因姘合夫妇之多所造成的恶劣影响。他认为“酌理准情斩绞之罪，良不为过”，即使不用斩绞，也应该“监禁其一二首恶”，这样才能收到“惩一儆百，事半功倍，左券可操”的效果。

可是，上海县衙门不作为，以致“媒贩”之祸泛滥。

光绪二十年(1894)，秦荣光听说南汇有周碧山先生创立的保节会，专门筹资救济那些贫困的妇女，使“蚁媒”无机可乘，对维护地方秩序颇有成效。他急忙赶去拜访，索取章程，回来后便仿照筹建。

杜家行镇的候选训导、岁贡生康逢吉(字田蓝)听说秦荣光发起创设保节会，即与他联手合作。

康逢吉，字田蓝，清末杜家行南行街人。年幼即孤，但其坚持苦学。邻居家四更起身磨石腐，发现他家“灯火青荧而咿唔一声恒达旦”，由衷惊叹。光绪二十一年(1895)，考中松江府学岁贡生，获候选训导身份。因颇具文才声誉，求教者众多，而非分之财丝毫不苟。为人持躬正直，恭谨谦和，乡人皆爱而敬之。

康逢吉一向廉俭教育子弟，见时有“蚁棍”威逼利诱青年寡妇，极为气愤。他即与秦荣光联手合作，谋划在陈行、杜家行、鲁家汇、三林塘等四个镇上设立相应机制，由上海、南汇两县会详立案：年在三十岁以内的贫家寡妇凡是自愿守节，就按月提供生活费；若翁姑老迈，儿女众多，则额外加给。为防止无赖恶棍强迫守寡妇女再婚，他们请县府出面在寡妇门前张贴告示，明令禁止抢孀逼醮恶习。

陈行保节会宣告建立，秦荣光捐出田地10亩，将收租作为常年经费，使当地孤苦寡妇有了生活保障。秦荣光称之“如此穷嫠剧可怜，旁无援手节难全。为鸣冤苦除强暴，并置人间续命田”。

因受助者越来越多，保节会难以支撑，众多大户人家认为秦荣光是自寻烦恼，管的是“闲事”，不愿多捐助，而秦荣光决意要将好事办到底。两年后，他又捐资设法购下一些黄浦江边的涨荡田，以收租充实保节会的经费，使其坚持了一年又一年。

康逢吉在杜家行克服重重阻力，以君子之德，坚持将保节会办出成效，受到乡人赞扬。

秦荣光之子秦锡田对康逢吉的品德十分敬重，曾赋诗云：“辛苦孤儿读，残灯五夜红。劳谦君子德，恭俭古人风。桃李盈门盛，文章夺命穷。臣心清似水，介不易三公。”

同时，秦荣光又捐田8亩，在镇东建屋设立赊棺局。不久，又设立“保赤局”及“牛痘分局”。

武庙成了汇善堂

陈行镇虽然不算大，但地方公事不会少，而且真要实实在在地办些地方公益事业，没有一个办公场所是不行的。于是，人们想到了利用镇西的武庙。

陈行武庙（即关帝庙）始建于明万历后期。清顺治十一年（1654）重修，道光年间屋垂倾圮，里人改厅为堂，称“政一堂”。后来，将关帝像移到后殿，前堂作为会文议事之用。咸丰十年（1860），庙殿与神像毁于兵燹，但堂后两株梓树幸免。同治十二年（1873），住持僧宝莲募捐重建。光绪初年，又做修缮。

光绪十五年（1889），秦荣光主持重修武庙。他将募款、购料、督工等事，都委派他的学生去办。29岁的胡祖德（1860—1939，字云翘，号筠桥）由此跟随恩师涉足公事，渐成为镇上的又一位“大忙人”。

重修后的武庙气象一新，建楼五楹，前属于庙，东辟一门供出入，正中庭题额“汇善堂”。山门东西,加宽数椽,前有照墙,中嵌《粮艘眠桅碑记》。东有古井,湮塞已久,浚深后围以墙。墙内略莳花木,中嵌“无波静境”四字,由秦锡圭题。墙西筑惜字藏。就此,双梓焕发出青春活力:学子在此会文,“团练”在此集散,绅商在此协议,官员在此暂驻。虽说武庙规模不大,只能因陋就简。然而就在此地,秦荣光主持创办了一件又一件使乡民受益的公事。

秦荣光既对科举文字庸滥、俗学无用的现实深恶痛绝,又亲身感受到农家子弟因失学而寡识,因此十分崇尚“兴学就能启蒙,启蒙就能救国”的口号,决心要在家乡大力兴学,培养地方人才。

光绪十五年(1889),在秦荣光吁请县衙在这里设立义塾。秦荣光的门生争相担任教师,支持其办学壮举。

所办公事越来越多,又需创办学堂,而武庙这地方实在太小了。于是,在光绪二十八年(1902),秦荣光委派胡祖德在武庙后面,建了五楹新楼,定名为“汇善堂”。

这里,面东设大门,正中为议事厅,东西有围墙,墙内还有厨房、厕所、广场、木桥等,厅楼上为义塾课堂和宿舍。

为此,胡祖德撰文称道:“凭栏瞭望,则周浦塘横枕于前,潮汛急湍,昼夜不息,风帆上下,接触几席,东西行人,往来如织。近而禅堂之梵声、邻村之机声,远而四野之桔槔声、舂杵声,塘口轮船之汽笛声,龙华铁道之火车声,时与校内琴歌遥相对笑。凡访胜寻幽之侣,往往留恋一没忍去。”可见一个革陈除旧的新时代正在到来。

上海最早的上海人铜像

秦荣光坚持“独善其身,兼济天下”,尽心护乡图强,致力于地方改革。从事地方教育40余年,博学能文,殚心书史,重于求实,人称“浦东大师”。

光绪三十年(1904)七月十一日,秦荣光逝世,乡谥“温毅先生”。次年闰四月二十日,光绪皇帝下达圣旨,秦荣光因创办三林学堂获得通令嘉奖。浦东乡人齐颂秦荣光的历史功绩,筹划为其建立纪念碑。

正巧，上海滩出现一大新闻：德国钢铁、军火生产商为李鸿章铸造的铜像要从德国运来，立在上海徐家汇李公祠内。1906 年 2 月 21 日，李鸿章铜像在李公祠（后为复旦公学）揭幕。从此，上海有了中国人的铜像，同时也激活了陈行人的梦想。

陈行乡议会副议长孔祥百大胆提出应当为恩师秦荣光铸立一座铜像，供人敬仰，流芳百世。对此“时髦”而神圣的举措，乡人齐声叫好，踊跃捐款。

于是，“甬匠镕金”，“冶三易而像成”。其仪表容颜根据秦荣光的一张近照，“身衫足靴，左手垂，右执书，科头伛偻立”。三林学校师生本来准备将像立于校后天池边，而胡祖德强力主张应当立在其家乡，且陈行西园内风景如画，位置尤宜。

历时 5 年，用钱千贯，宣统二年（1910）入冬时节，一尊秦荣光全身铜像终于在西园内落成。

胡祖德为此撰写《秦温毅先生铜像记》，全文如下：

> 光绪三十年甲辰秋七月十有一日甲子，吾师秦温毅先生卒于陈行市里第。门弟子思慕功德，与父兄子弟谋，所以永其遗爱，孔君祥百议范铜为像，咸赞成之。乃君甬匠镕金而监铸之。仪表容

陈行秦荣光铜像

颜一准最近之摄影，冶三易而像成，身衫足靴，左手垂，右执书，科头伛偻立。于时，三林学校之师若生以校为师所创也，谓像立于校后天池为直。祖德则曰，陈行市，师之故居在焉。市西百余武，澧溪自西南来，斜折而东，上有康庄，左亘石梁，右接阛阓，乔木森立。繁阴交映，风景如画，位置尤宜，众咸韪之。命祖德庄工，适闻南汇公学有废石，似购为像之座。南汇士绅曰："吾邑沾先生泽深，点区者乌足言值，愿纳之，以襄盛举。"于是，买棹运石，鸠工树基。先凿地，深广一丈，下筑三和土，上盖巨石，层累而高之，出平地丈许，像立其巅，肖然，岸然，外缭以垣。行者咸识之，曰："此秦温毅先生铜像也。"于戏，祖德少受师教，长佐治公益，亲炙最久，信仰最深，自维才德凉薄，无以发挥心传。所愿后人瞻拜遗像，肃然景仰，绍述前徽，益广大而廓张之。吾师有灵，当亦辗然笑矣。像成，门人川沙黄炎培为赞，道州何君维朴书。浦西钱君桐又为乞言于蒙古喀喇沁亲王，王手撰奉略，书以八分，周子岐凤刻之石，咸陷于壁。历时五年，用钱千贯，捐赀姓氏、工费、项目勒于他石，以期不朽云。宣统二年冬，同里弟子胡祖德记。

上海最早的乡镇公园

扩建后占地2 000平方米的陈行西园，相比当年的武庙和汇善堂，显得大气多了，而且体现了公众意识的萌发。前所未有的"公园"内，有池有堤、有亭有榭、有竹有石、有树有花，有乡校学生运动场，汇善堂也成了校舍。这里又建起一幢新楼，上称逍遥楼，下为容与堂，是镇上年轻人最爱光顾的公共文化场所。夏夜演出新剧，观戏者如潮，秦锡田称之"改良风俗推新剧，彻夜西园看化妆"。

上海城里流行的画报、小说，通俗易懂，斑斓多姿，很快就出现在西园内，得以传播。孔祥百的儿子孔令甲（字汉布）当时才10多岁，是容与会（属上海少年宣讲团）核心人物之一。每逢暑期他便组织会员在西园内化装演

讲，宣传进步思想，反对封建礼教；听者数百，产生了极大的影响。

镇上的女孩子不但能进学堂念书，而且公开地谈起了恋爱，西园无疑是她们最自由的天地。乡村女子也放大胆子敢于有所作为，时有镇上文人特记："往时操舟皆男子，无举家浮寄者，廿年以来始见巾帼把柁。"人们不再惊呼"女人上船船要翻"，可见时代确实在变了。

西园里的秦荣光铜像及辅助设施已竣工，与池塘南的凉亭遥相对角。园内虽无奇景，但陈行人或数日一游，或一日数游，都感到亲切怡情。此时，关帝庙内的两棵已有数百年龄的梓树亭亭玉立，高 10 余米，虽遭火劫，皮焦尽脱，但春夏之交，依然花开如锦。

引来新思潮

秦荣光去世后，秦锡田作为长子，便从湖北辞职返乡奔丧守孝。

秦锡田时年 44 岁。他与胞弟锡圭同科中举后，又一同赴京会试，锡圭中了进士，他未登第，纳赀为内阁中书，后出任湖北候补同知。尽管他以"清、慎、勤"闻名而正处仕途无限之际，但父亲的去世使他决心放弃功名，继承父亲遗志致力于家乡的地方事业。

秦锡田牢记父命，思想新颖，出手不凡。返乡后，接任了三林学堂总教习，主持校务工作，并继续兴办新学堂，同时，协同胡祖德为陈行乡民办实事。当时，本地区有不少无业游民生活贫困，秦锡田便主张创办课勤院，将他们集中起来，组织手工艺生产，解决温饱问题。经一番筹划，课勤院于光绪三十二年(1906)十二月在题桥镇南陈朗清的家屋内开业，上海县新任知县王念祖亲临陈行视察，获奖"勤求自治"匾额，使此举名声四扬。院中以衣工、竹工为主，有制鞋帽、编篾席、搓绳等项目，吸纳陈行以及附近乡的无业游民先后达 480 多人。所产竹器被送到江苏物产展览会陈列，获得银质奖牌。秦锡田还亲定章程，对管理、分配等做出规定，如进院学徒生产的收益，七成充公费，三成积累在出院时领取，这课勤院成了陈行地区历史上第一个镇办企业。

秦锡田保持着与外界的接触和联系。当时的上海，西学已全面而迅速地输入,全国的文化人才会聚上海。当时的上海城内,绅商们自发创办了城厢内外总工程局,兴起地方自治运动。秦锡田与其中的风云人物之一吴馨(字畹九,号怀疚)关系十分密切。吴馨的启蒙老师徐健之是陈行人,又是秦锡田的同学。上海建立学务公所,吴馨出任总董,便邀秦锡田任协董。因此,秦锡田经常往返于陈行、三林和上海城内,把维新思想源源不断地引入陈行地区。

在秦锡田的眼里,某些当地旧俗是迷信,必须改良。如"病不延医,反听巫言,酬神送鬼,枉费金钱","病家迎得女巫看,看出魔多神不安。连夜招寻毛道士,酬神送鬼闹登坛"。又如"士大夫家葬事,一听地师,或积至数十年不葬"。他从培养"新国民"这一教育目的出发,明确要求必须与此俗一刀两断。

同时,秦锡田极力支持女权意识,主张改良乡村婚礼。他认为:"古来嫁娶礼彬彬,俗例偏多六色人。要省繁文与繁费,文明新式合遵循。"所谓六色人,是男引、女引、乐人、香案、夫头、炮手等礼仪职业人员的俗称。为此,秦锡田顶住压力,带头推行新时尚。光绪三十三年(1907)农历十一月二十一日,秦氏养真堂内外又一次张灯结彩,热闹非凡。秦锡田的三女儿秦之荃要嫁到松江城里去了,新郎胡德良是上海法文书院(今上海光明中学前身)毕业生,在秦家举办的结婚仪式率先采用新式婚礼。曾任直隶州知县的亲家胡祖谦(字端臣)与秦锡田是挚友,极为支持秦锡田要求婚事新办的主张。

世风在变化。陈行镇上每天有两艘班轮往返上海城内。由上海经松江、平湖等地的内河轮船,也在塘口设立了码头。上海的天主教神甫开始进入陈行地区,逐步有信教者自建"礼拜堂"。而宗族祠堂越建越多,除秦公祠和胡氏宗祠外,先后建起了俞家、张家(今苏民村内)、徐家(今知新村内)、朱家(今勤劳村内)、李家(今李巷村内)、孙家(今郁宋村内)、张家(今东风村内)等宗祠。这些绅富大家后裔为追念先人,纷纷建祠奉祀,但也束缚了人们的思想。

实施地方自治

地方自治是近代中国新兴资产阶级用来反对封建专制、反对中央集权,

争取参与政权的一种政治主张。上海城厢是最早实行地方自治政策的地区，清光绪三十一年(1905)10月，“城厢内外总工程局”成立，专办地方公益事宜。

光绪三十四年(1908)十二月，清廷颁布《城镇乡地方自治章程》，规定各乡设立议事会和乡董，实行议事与行政分列。乡议事会由选民选举产生，地方自治执行机构只设乡董和乡佐，自治事项有学务、卫生、道路工程、农工商务、慈善事业、公共营业等。

宣统元年(1909)闰二月，秦锡田当选上海县咨议局议员。10月，当选江苏省咨议局议员。

上海地区正式实行地方自治，本地设立陈行乡。经过当地民众直接选举，产生了首届陈行乡议事会。乡议事会议员共有10人。49岁的秦锡田任议长，45岁的孔祥百任副议长，其他议员有陈行镇上胡信成米行店主胡能谱(又名树堂，字琴甫)、胡信义米行店主胡能让(字楠生)、塘口竞新小学校长徐绍元、塘口教师孙夔龙(字凤池)以及赵正鹤、李怡如、康善纪和陈谦吉。

乡议事会决定：由51岁的胡祖德出任乡董，原鹤坡小学校长朱绳祖担任乡佐，负责本乡七图的行政事务。

乡公所设在胡家宗祠内，乡民们自由进出，将这里视为家园。议员们成了“公家人”，胡祖德成了“办公事”的“头头”。凡属公事人人可以去找他发表意见，凡遇纠纷人们首先想到的是到此听候判断，凡是议事会形成的议案立马见效。人们欣喜地看到，自从乡里有了实施民主决策的议事会，普通乡民也有知情权、参与权、表达权和监督权，以往延续千年的社会格局彻底改变了。

剪辫子贺新年

南京临时政府颁布了很多政策法令，民国元年(1912)伊始，改公历为新年。一首民谣到处传唱，势不可挡：“新礼服兴，翎顶补服灭；剪发兴，辫子灭;爱国帽兴,瓜皮帽灭;天足兴,纤足灭;阳历兴,阴历灭;鞠躬礼兴,跪拜礼灭。”剪发、易服、放脚等一系列的社会变革,正渗入人们的灵魂。

度民桥畔挂灯悬旗,竖起了“共和万岁”的标语,令人感叹世道又变了。街上贴出布告,限期剪发,移风易俗。秦锡田真心拥护孙中山先生,在陈行镇上积极推行民国新政。他率先剪掉了脑后的长辫子,促进世风变化。男子们纷纷把拖在脑后的辫子剪去,有些老者生怕世道再变便把辫子盘了起来。女孩子们也都以“童花头”为时髦。人们的服饰随世风变化而更新了。

陈行义塾改名为“陈行乡立第一初等国民学校”,男女同校,不再设孔老夫子的香案牌位,学生课本中取消了“忠君”“尊孔”的内容。一首《陈行校歌》在此时唱开了。有人至今记得歌中唱道:“大树扶疏,心潮澎湃,巍巍铜像来钦拜。朝气清明,春风和蔼,兄弟姐妹齐相爱。帆快风长,桥高水大,眼前气象正无限。从东迁西,先湖后海,屈指于今有几载。”

为改善地方秩序,保障乡民权益,秦锡田向上海县民政长吴馨递交了《呈民政长请设初级审判厅》的议案。1913 年 2 月,上海县民政长支持陈行镇率先改进社会治理,乡董胡祖德主持在关帝庙东侧营房旧址增建了 8 间新屋,作为办公用房,称“懔岩堂”,门口横额写的是“上海县第二区第三派出所”,这里由警察维持社会治安。

当年 5 月,陈行乡农会成立。

陈行镇上开始装设路灯、清扫道路、驱逐讨饭者和禁止赌博与吸食鸦片。在汇善堂里开设了戒烟分所,提供医药,并供膳宿,30 多个偷吃“白粉”者被送来戒烟。

不久,周浦镇邮政支局的邮差开始到陈行、题桥、塘口三镇巡邮,风雨无阻,人们就此真正养成书信往来的习惯。镇上的胡信义米店内设邮票代售处,后升格为邮政代办处。各类报刊也随邮差源源不断地飞临乡里。虽说邮递时差三天,但毕竟将陈行与外面的世界紧密地联系起来了。

陈行的交通有所发展,镇上每天有两艘内河班轮往返上海城内,题桥、塘口各有一艘。

上海天主教神甫在附近杜行地区建立教堂。光绪元年(1875),本地陶龙桥(今为民村内)也建立了堂口,取名安德肋堂,俗称“孙家堂”。受其影响,如今本地又先后出现了顾家堂(今勤劳村内,取名仓桥无原罪圣母堂,俗称“陈行天主堂”)、王家堂(今三友村内)和中心河镇东街的基督教“清心堂”,参与者大多只为“消灾”。

在中河镇,图董曹少耕等在中心河上接连修建了5座桥,小镇日益热闹起来。

当地又进行户口普查,据统计本地区时有正户2 700户,附户134户,男性6 118人,女性6 122人。

陈行镇的年轻人,尤其是秦家、孔氏、胡氏家族的子女成了社会新思潮的实践者和传播者,他们进入新式学堂,学到了祖辈们所不知晓的科学文化,扩大了人生视野。他们发展的前程不再是科举登第,也不单是求官谋职,而是求学于南洋高等商业学校、同济工业专门学校、上海美术专门学校、中华职业学校、中医专业学校、省立师范学校等,并先后飞离陈行,从事教育、工商、医药等事业,成为社会所急需的人才。

在乡贤们的教育和关心下,陈行子弟纷纷考入上海及外地的高等、中等专业学校。在1918年以前,仅陈行镇上进入高等学校深造的就有胡政新、孔令甲、孔令申、秦伯未、秦之炯等,进入中等专科学校的有徐庆宜、陈南杰、胡日新、秦锡燧、秦艮堂、秦之衔、秦之瀛、秦之金、孔令谷、孔令乙、丁仁科、秦之纲等,以及第一批进入中等学校的陈行女性,如孔令德、胡怀新、胡萃新、胡运新等。后来,他们有的学成归来从事教育工作,有的走向祖国各地,展示才华。在当时,一个偏僻小镇能涌现如此众多的有志向、有知识的年轻人,是极为可贵的。

增强乡土意识

清光绪二十九年(1903)七月,秦荣光终于病倒,只得将三林学堂的事务大多交给儿子秦锡田。但他在家不甘清闲,仍抱病整理文稿,撰写了《自述诗》32首。

《上海县竹枝词》完稿后，秦荣光即将手稿邮寄给远在湖北武昌供职的秦锡田，并叮嘱“此书字句，尚待斟酌，注、案多遗漏”。可惜，此稿未及修饰，秦荣光就匆匆离世了。

民国元年（1912）五月，秦锡田将《上海县竹枝词》出版铅印本。原作有706首，经胡祖德校印，删去志乘之怪诞不经者，选取532首，并略依同治《上海县志》篇目，分类标注，列出35个门类。出版前，秦锡田请好友于鬯（字醴尊，自号香草）撰写序言。于鬯将秦荣光视为恩师，真挚地赞叹：“于书无所别择，但能得之，必能读之，以是能使学浩博，细大共贯，而又非徒泛滥也。凡实事、实地、实年月、实品物典制，靡不一一经心。于桑梓掌故，尤亟探讨。”

秦荣光的《上海县竹枝词》与《同治〈上海县志〉札记》互为补充，成为研究上海史必备的重要资料，被后人广泛应用。

1919年，出游途中，秦锡田惦念故土的风貌，写下了247首棹歌体记事诗。回家后，汇编成《周浦塘棹歌》。

陈行镇教育界人士一向重视对后代的乡土教育，主张“爱国自敬乡始”。民国初年，在孔祥百、秦锡祺、胡祖德的指导演下，陈行青年教师沈颂平认真研读地方文献，始编10余课，由适庐主人续毕，1920年编成《陈行乡土志》。依国民学校教科书体例，分60课，内容多采自县志，补以乡里见闻。镇上诸老阅后一致叫好。胡祖德亲自绘制了三幅插图，1921年出资付印石印本。孔祥百撰写序言，强调：“空谈爱国之士，读各国书，睥睨一世，问其本乡土一二掌故，则瞠目不能对，夫爱生于情，情生于知。不知其乡，何能爱乡；不爱其乡，何能爱国。”末辑有《创建度民桥记》《课勤院始末记》《陈行汇善堂记》《秦温毅先生铜像记》等乡里文献。1921年，由上海著易堂印书局出版《陈行乡土志》石印本，成为陈行地区在学子弟的必读教材。

塘口小镇故事多

塘口小镇

周浦塘是黄浦江往浦东的重要支流,别称“杜浦”“澧溪”。蜿蜒曲折,里人称“一湾一曲一村庄”。历代都是漕运干河,全长13千米(陈行地区在下游,占将近10千米),排灌受益面积达20平方千米。八月涨潮时,场面颇为壮观,秦锡田《杜浦观潮》诗称:“西风挟潮至,一线吼银虬,大地恣吞吐,吾身如泛讴。”

塘口小镇,位于周浦塘的黄浦江入口处,对岸为六磊塘车沟船渡口,当年同属上海县二十一保。

时有候潮、避风的船只在此停泊,逐渐兴起修船业,吸引了过往的船家。每逢春末夏初,帆船云集,如有人作诗称颂:“绿杨荫里人声沸,疑是长空送远雷。”

万历年间,塘口的集市已经形成。集市中心建有一座武圣宫,加上南首的排马庙、青龙庵,每月初一、十五,香客会聚,更显热闹。清代初,设抽厘分卡,后改为税务分所,向来往商船征税。

民国时期,此地聚集数十家商铺,有米庄、肉庄、豆腐店、中药铺、茶馆、烟杂店、南货店、裁缝店、打铁店、剃头店、制绳作坊等,繁荣超过陈家行集镇。

网埠宅

塘口村七组,当年人称“网埠宅”。

网埠是指张网捕鱼用的网基。这里聚居起一批渔民,他们在村宅西面的黄浦江江面上,从东到西设下20多个网基,场面壮观,乡人视为奇观,称其为“网埠宅”。村民大多姓闵,故又名“闵家宅”。

每到春天,他们把竹子劈成薄片拧成缆绳,把它固定在江底,汛期时利用缆绳固定渔网,网口迎着潮水,鱼鳗自会随潮而入网。

网埠宅人性格刚毅,互相团结。抗日战争时期,有人借用渔船往返上海贩米,若被日军巡逻艇发现,同船的网埠人即使被打得吐血也不会指认贩米人。出售鱼虾时,凡遇到地痞流氓敲诈,他们都会合力相助,讨回公道。碰到寻衅闹事者,他们会一拥而上,绝不手软。乡人称之“网埠帮,扯碎裤子裆”。

染坊宅

塘口村五组,当年人称“染坊宅”。

清光绪年间,有个叫钱明州(字兴盛)的染坊师傅从南京迁到此地,辟地开了爿染坊。他手艺出众,所染的纱、布色彩鲜明,经久不褪,很快远近闻名,生意兴隆。此业传到孙子钱生炎手中时,更是广贴招纸,称“诸样色地,万幅衣披,时色印花,价佃便宜”,还在周浦、闸港开设分号,拥有数爿染坊。钱家当初立脚的小宅基,也就被称作染坊宅。因染坊门前都会支起高大木架,吹晒染了色的纱和布,当地人索性称此宅为“染布架头”。

清代徐氏家族

塘口镇上的徐氏家族原本历代贫困。清乾隆年间有徐宏远(1734—

1799)，字天彩，是远近出名的“徐孝子”。刚满10岁时，父亲贫病而亡，母亲因病卧床，他便挑起了家庭生活重担。严冬时节，到宅后天落浜边钓鱼给母亲吃。用米糠、麦粞搓成团做鱼饵，几天均未钓到，仍坚持天天钓，终于钓到一斤多重的鲫鱼，熬成鱼汤喂给母亲喝。晚年较宽裕后，更以乐善好施享誉乡里。他生有徐廷宰、徐廷模两子。徐廷宰生子徐本忠、孙徐晋高。徐廷模生子徐本铨、孙徐晋侯。

徐晋高(1828—1883)，字慕庭，少年时去松江府学读书。同治初年，学成后“佐潘鼎新戎幕，积功累保教谕”，得了五品官衔，带着花翎被选补为六合县教谕。由于他荣登仕途，其曾祖父徐宏达、祖父徐廷宰、叔祖父徐廷模、父亲徐本忠均于光绪二十七年(1901)获赠封奉直大夫五品花翎。一时间，徐氏耀祖光宗，成了塘口镇上的名门望族。

徐本铨，字隽甫。其子徐晋侯，字侣樵，号幼甫。祖上贫困，但都为人坦诚。父子俩边读书边经商，后来历游江浙各地，不但生意做活了，还结交了不少名士，回乡后成为当地的风光人物。

徐健之(1860—1916)，字步青，清末诸生。长期设塾训蒙授课，门下弟子中有了诸多隽才，其中有民国初首任上海县知事的吴馨(字畹九，号怀疚)。

名士孙海

塘口一带，颇具书香气息，历代诸生不少。

清嘉庆年间，诸生孙海(1791—1862)，字古香，写诗作文出手快又好读，声名远扬。他在家开门授徒，讲解经史，连陈行镇上的秦氏子弟也赶来拜其为师。

孙海曾有《听雨楼诗稿》行世，可惜后来散佚。他个性耿直，凡遇上忠义节烈之事，就会忍不住激昂慷慨地演讲一番，听者时常为之动容。

同治元年(1862)，70岁的孙海遇上一群造反抗官者，他因情急责骂而被杀。

杨孝子死不忘亲

塘口镇的杨氏，以孝行闻名。

清道光年间，杨承业（字福畴）继承父业在镇上开了家米店，奉养双目失明的母亲。到了咸丰年间，社会动荡不宁，米店难以经营，他带着母亲四处逃难。

杨承业 69 岁时，母亲已 92 岁。在他重病即将去世时，既为自己不能给老母送终而遗恨绵绵，又决意不准子孙因自己病故而哭闹，惊吓老母。如此“杨孝子死不忘亲”的举动被乡里推崇有加，光绪年间得以旌表。

老中医

著名老中医孙叔伦（1875—1938 年），年轻时被周浦名医孙承楷（字雨田）收为门生。1920 年起开业设诊，精通中医内科，善针灸，慎处方，深明脉理，病家不远百里而求治，贫病不计报酬，闻名于上海、川沙、南汇、奉贤等县，人称“孙一贴”。抗日战争初避居沪上，后遇强盗受惊而卒，享年 63 岁。侄子孙电人（1910—1984）自 1928 年起继承家学，学医行诊，为南汇县名中医。

车沟渡

塘口渡对岸为车沟港渡，位于六磊塘口。明嘉靖三年（1524），上海县知县郑洛书设塘口至车沟官渡，由手摇木船渡客。从此，这里成了人们越江的重要通道。

只可惜当年渡船稀少，被人们落下个“等煞车沟渡”的话柄。但终因有慷慨好义的塘口镇康梓钦（字会龙）捐田 20 亩，常年收租，充当渡口船工的收入。又有金良栋、孙茂华、叶梦飞等捐田筹款，备作每年修渡船费用，确保

了乡民出行之便。

清光绪中叶，沿浦盐捕营以缉私盐为名，时常敲诈勒索客商，没收渡船，造成交通中断。有急事过江，只得叫小舢板摆渡，时遇风浪险象环生，百姓为此怨声载道。陈行秦荣光奔走乡里，募集资金建造新船，游说上海道台准予开放渡口，并立下乡规，渡船装载私盐即拿船工是问，但不再收缴渡船。从此，每日有两艘摆渡船往返载客，各开行 10 班，百姓称便。民国十七年(1928)，塘口至车沟间改为手摇渡船，来回需耗时 50 分钟，渡资 5 个铜板。

1962 年 1 月，上海县交通运输管理局开辟了塘车轮渡航线，接替手摇摆渡船。1964 年 4 月 1 日，上海县政府将塘车线移交上海市轮渡公司统一管理。2003 年 3 月，塘车线改称陈车线。2012 年 6 月 1 日起，使用世博空调客渡船。如今陈行公路轮渡站位于塘口村陈行公路西端，车沟桥轮渡站位于梅陇镇澄江路 11 号。

青龙庵

青龙庵，在陈行乡二十九图黄浦江畔，后迁塘口镇。民国九年(1920)立《重修青龙庵记碑》，秦锡田撰，徐绍甲书。文中涉及人物：贾云阶，字履上，老城厢梦花楼秀才。徐晋侯，字侣樵，号幼甫，塘口镇人，清晚期知名书画家。《重修青龙庵记碑》全文如下：

> 庵旧滨浦中，供大士像，夙著灵应。清道光间，邑明经贾云阶先生偕其夫人间邱氏诣庵祈祷，旋生子，勋官至甘肃平凉府知府，其孙曾繁衍为邑望族，明经书额今尚存焉。光绪初，曹君恂如惧浦潮之冲啮，议迁入内地，砖瓦木石需钱二百余千。曹君为募之善姓而独任其匠之工食，时有灵芝产于佛座，烨烨生光，传为奇瑞，顾屋宇湫隘，未肃观瞻，侣樵徐君谋革故而鼎新之，卒以费绌，中止三十年，甲辰春，哲嗣近勇茂才仰承先志，又得胡君子皋之力，募集巨金，拓庵东地，建屋六椽，迁大士像于听事。又十五年，己未春，茂才复募款购地，增建山门五楹，中奉弥

陀韦驮诸像，左为集会聚燕之所，右为比邱尼焚修之室，先后捐款银四千圆，建筑之费用银三千六百圆，余款四百存商生息，以供岁修及扩地置物之用。里中先有关壮缪庙，民国初元改庙为学校，迁壮缪像于旧屋中，而比邱尼兼奉香火焉。溯自象教西来以后，名山古刹，庄严供养，其峥嵘璀璨数十百倍于是庵者。随在皆有佛，如有灵岂独恋此？然昔贤有言："佛在人心上。"吾人心中以为佛在此庵，佛即能在庵中显其灵感，所谓造因得果者也。余年垂六十，望切添丁，家人妇女相率来祷。未及一载，即举一男，今此孩提敢冀其希踪贾氏而吾佛之广大神通，化千万亿身以普济众生者可见。愿吾里人，人人信佛，人人信庵中有佛，以敬吾佛者保吾庵，共筹坚固永久之策，则佛之保护吾子子孙孙，寖昌寖炽。靡有涯涘者可操券矣，其承造工程者先为某，后为张少廷，监工者先为徐君琴园，后则茂才与胡君共任之。茂才复订善后规程数则别勒存之，而捐赀之姓名亦具榜于壁，兹不复赘云。（碑文录自秦锡田《享帚录》）

1943 年，青龙庵有庵产土地八亩，共有房屋 12 间。据传青龙庵建成后，有老尼姑钱根侬住持，香火甚旺。解放初，尼姑还俗。青龙庵有前后两埭，分别由六、七生产队做仓库。1994 年陈行工业公司租用，建造上海粮食集散站，青龙庵被拆除。1996 年改称"上海新发国际码头"。

逐渐消失的中河镇

小镇风情

芦胜村二、三、四组所在地，清乾隆年间渐有集市，乡人沿河建屋，居民多金姓，人称“金家行”，而对外号称“中河镇”。因市河介于周浦塘、三林港二水之间而称“中心河”。雍正四年(1726)，小镇及周边地区从上海县析出，归属南汇县。光绪《南汇县志》记载：“辛酉匪扰，此独无恙，向本寥落，乱后成市。居民百余家，其四乡标布细致尤为著名。”这里靠近黄浦江，水运方便，小镇市面热闹，声名远扬。

中心河上曾有五座石桥或木桥，小镇地处东新、西新两桥之间的北岸。1923 年，秦锡圭为东新桥题联云：“两岸机声喧昼夜，一江帆影渡春申。”可见当地织布和水运的盛况。

中河镇安于一隅，有幸避过了历次兵灾，但是陆路不畅，以致发展缓慢，遭遇冷落。1949 年尚有商店 18 家，其中米店和烟什店各 3 家，茶馆和豆腐店各 2 家，另有轧花厂 4 家。1952 年划归上海县。1984 年时，仅有商店四五家，小镇风情逐渐消失，居民多为农户。

黄炎培题写校训

1933 年 9 月，黄炎培（1878—1965，号楚南，字任之）正在漕河泾设立农村服务专科学校，培养理论与实际兼长的农村服务人才。一天，他专程赶到陈行镇上，拜访老友秦锡田。他俩一直志同道合，成为浦东地区创办新学堂的急先锋。黄炎培听说中河镇新办了一所乡村学堂，欣喜万分，要去祝贺，实地了解乡村教育现状。秦锡田年已 73 岁，不便出行，即派族人陪同他前往中河镇。

初建的中河小学刚开学，师生们眼见闻名全国教育界的黄炎培先生来校，争相上前欢迎。校董带领他参观了校舍，会见了师生代表。黄炎培不时提出一些培育人才的意见，令师生们倍受鼓舞。临别，校董递上笔墨，恳请他为学校题写校训留念。黄先生欣然应允，思索片刻，就在体育室的山墙上手起笔落，写下了“学做人”三个大字。师生们齐声欢呼，整个学校顿时沸腾了。

“学做人”三字校训流传至今。

金武周家族

金武周（1900—1982），名春江，字武周，以字行，中河镇人。父亲金亮卿，信奉基督教，在上海“长老会第一会堂”所办清心书院任职。民国元年（1912），与教友在家乡设“堂口”，称“浦东清心堂”。

金武周自幼好学，入上海清心中学，学业列前茅，后入沪江大学。1923 年，选送燕京大学攻读硕士学位，为校长司徒雷登赏识，推荐加修希腊文、拉丁文。1929 年 9 月，公费留学美国哈佛大学，获三门学科博士学位，曾作为中国代表团团长参加在美国召开的“世界基督教青年联盟”国际会议。1931 年 9 月，归国任教于沪江大学，兼任学校社会系师生实验基地“沪东公社”主任、上海大东门中华基督教普益社总干事、陈行清心堂牧师、上海《新闻报》

社会服务栏副总编。并在中河镇率先筹建清心小学和农民教育馆，创办乡村促进会，开设千字课识字班，用人力发电机放映电影，丰富农民文体活动。抗日战争全面爆发后，热心于抗日救亡工作，积极协助学校办复兴收容所，救济难民。上海解放后，沪东公社停办，金武周仍任沪东小学校长。1955年，沪东中学并入建设中学，金武周任该校副总务主任。1957年被错划为右派分子。1979年2月平反后，受聘于华东师范大学政教系，兼职翻译国外社会学资料。1982年，因病逝世。其子金石、金声均为知名教授。

同族金象祺（1887—1928），字韵清，师承周浦名医孙承楷（字雨田），1908年开始行医，以主治内科伤寒、针灸精神病为专长，擅用针灸治疗癫狂症。其长女金舒白（1911—1991，原名湘君）从14岁起"誓效木兰，继承父志"，随父临诊，颇得真传。17岁时，父亲病逝，她开始独立在乡里行医。1937年起闯荡上海滩，因擅长针灸方脉，成为沪上名医。次女金治白（原名湘梅），也学医成名。

丁连曹家塘

丁连村一组曹家塘。当初,宅上房屋仅有“四绞圈”,而门面大多装有排门及木窗,设有布庄、钱庄、百货店,形似小集镇。终因行市不及塘口,至解放前夕商号全部搬出。从1980年起,因家庭住房紧张,村民普遍要求扩建。新建住房统一安置在东浜东侧,后向北延伸,先后兴建楼房20多幢,其中8幢为洋房。近20年间,宅基地扩大了2倍多,建楼房69幢。2006年至2007年,因新浦江城二期工程征地,15名村民转为城镇居民。

枝杨圈由来

丁连村东南角有个村宅人称“枝杨圈”(属三组),有六户人家均姓孙。当年,宅东有条“牛肚皮河”,河东原有富人家的坟圈,坟边有2间低矮的房子,一个孙姓男人常年住此看坟。后来屋塌人走,有孙姓人家在此造了3间小屋,周围种植枝杨,于是人称枝杨圈。2006年,这里全部动迁,建景江苑小区。

马家石桥

丁连村六组并无马姓人家，当年却称“马家生产队”，因为100多年前，这里的住户大多姓马，他们在陶家港边开茶馆、豆腐坊、缝纫店、油车房等，还合力在宅东建造了三孔双排石桥，人称“马家石桥”。后来，他们迁往浦西马桥，有蒋姓人家从徐蒋宅迁来定居，改称“蒋家宅”。不久，又有孙、李、张、杨姓人家迁入，形成了一村多姓的新格局。1970年3月，马家石桥被拆除，建材均用于造仓库。

丁连八组有条“刷布路”

当年，在八组南北向大路旁设有3处刷布加工场，村民送来染好色的棉纱线，按需搭配后，绞在“串爿”上“经布”，然后上浆，用杠帚“刷布”，再把刷过的纱线镉上“迭花”置放到织布机上，即可织成布。“刷布”场面壮观，令人难忘。为此，村民至今仍将南北向的村宅路称为“刷布路”。

丁连大绿蚕豆

近百年前，丁连村连家塘的地主金兆良家中地多，靠种蚕豆采青生财。在金家做长工的连祥生讲究精耕细作，注重精选良种，经数年努力，培育出皂荚式蚕豆，粒大肉绿，一荚三豆，吃口香糯，常年亩产干蚕豆280斤左右。

20世纪60年代初，当地拣出20斤蚕豆种子参加上海农业展览会，经称重，每100粒重180克，比其他地方所产蚕豆重46克。1979年被市农科院鉴定为优质农产品。

塘口孙家宅

塘口村一、二组，自古人称孙家宅。相传，明朝宣德年间，一户孙姓人家迁至丁连村,其祖辈为官宦人家,家底丰厚。孙家在此传了六房后代,第四、五、六房迁到南面靠近塘口镇的地方建造新宅,自称孙家宅。从此,孙家日益人丁兴旺,令人刮目相待。可惜到了同治年间,孙家后代不思进取,逐渐衰败,家底被挖空,以致被乡人戏称“远望孙家乌笃笃,扛起树柴烧麦粥”。

第二章 岁月留痕

塘口镇街面现貌

近浦村民间文艺表演队

排马庙历经沧桑

排马庙由来

排马庙，位于立跃路4456弄17号（跃农村二组），周浦塘南岸，已列为闵行区文物保护点。

远在三国时期，这里尚是人烟稀少的海滩地，草木茂密。成群结队的飞禽野兽栖息其间。相传，吴主孙权经常带着手下将士到此狩猎，浩浩荡荡，一路喧嚷。人困马乏时，将士们下马就地扎营休息。当孙权一声令下，将士们应声列队，以至“六军排马马成行”。乡人见到如此壮观的场景，甚为震撼。

乡人就此认定只要求得神灵常驻，自会有“六军排马马成行”的奇观，好保佑一方平安。于是，乡人迁居到此开荒谋生，赤乌年间（另传为明洪武年间）建造了一座“排马庙”，又称“排王庙”，供奉菩提大士。庙建成即由永安和尚主持。

然而，这里地僻人稀，尽管菩提大士威灵显赫，庙中香火却寥寥。家住周浦塘南蔡家老宅（今郁宋村一组）的蔡懋昭（1512—1602，字允德，号溟阳），见此庙日见破落，便出资修复。但“僧徒道侣视若传舍，旅进旅退”，以致几年后庙屋又破了。

明万历四十五年(1617),慧严和尚率徒正觉从普陀山来到这里行善,戒行端方,赢得了乡人的信任。乡人见他们蜗居在老庙中,决定帮他们修屋。慧严和尚十分感激,并坦言说:“居屋可以蔽风雨,神像幸不暴露,但是如果连薄粥都吃不上,且就难活命了。诸位施主倘能倡义置田数亩,永为庙产,则口食无忧,可一心供养了。”乡人认为他说得在理,于是有善士蔡有渐、陈还一、赵永贞等率先响应,近者助田,远者捐金,富厚不嫌多,贫弱者不嫌寡。排马庙就此得以重修,而且有了义田十多亩。为此,天启二年(1622),乡人特请出身华亭县的光禄寺卿陆彦章(1566—1631,字伯达,万历十七年进士)作记,其父陆树声(字与吉)曾任礼部尚书,与蔡懋昭同朝为官,因此饱含深情地撰写了《排王庙义田记》,记叙这一段史实。排马庙住持慧严、正觉、觉圆等勒石敬立《义田碑》,同时将所有捐田捐钱者列名在上。

从此,排马庙庙内供观音、城隍等像,香火日盛。每年十月初一、初二举行庙会,村民们抬出庙中神像在陈行、题桥两镇以及附近村宅之间巡游,人称“十月朝”。

咸丰动乱时

清咸丰年初,太平军风起云涌,直逼江浙地区,上海小刀会趁机举事,本地人不明局势,闻风而惊。而三林塘的朱明(又名月峰,小名朱四)、赵茂曾等“塘桥帮好汉”激情勃发,在陈行镇南的沈家湾秘密结社,准备组建队伍策应太平军,自称“百龙党”。

咸丰三年(1853)春,百龙党人按约成群结队地聚集在排马庙内外。朱明他们豪情满怀,舞棍弄枪,还每天在庙内摆开十桌酒菜,与同党兄弟畅饮叙谈,鼓动乡人前来参与举事,排马庙随之息了香火。

朱明在此组成数百人的农民义军后,公开举旗造反,一把火烧了周浦镇上的官署粮库。浦东地区顿时陷入大动荡,乡人四处避难。官衙只得动手追捕百龙党人,朱明被擒,百龙党起义平息了。

不久,排马庙内重新恢复了香火。

老庙里办学

光绪二十六年(1900),秦荣光以三林书院的名义在排马庙内分设义塾,组织农家子弟就读。

民国三年(1914),乡人在排马庙内创设私立志新初等小学校。

1948 年,康家宅、康欣伯等人捐款在排马庙创办排马小学。1950 年,改名为宏康小学。当时存庙屋 14 间、庙田 16 亩,最后的住庙尼姑为钱根妹。

20 世纪 50 年代,排马庙不再有香火,庙屋改作塘口乡凤家村办公用房。1958 年,前埭改作生产队仓库,后埭改作跃农村小学校舍。"文化大革命"初,全部改为跃农小学。1993 年,学校并入塘口小学,原址翻建成珩森机械厂厂房。

恢复烧香点

2002 年,为满足信教群众的宗教需求,地方政府动员将厂房搬出,将这里恢复为排马庙道教烧香点。庙内香火重新兴旺起来,近几年设有四个殿

《排马庙义田碑记》青石碑

堂,每逢农历初一、十五香客不绝,“十月朝”风俗也有所恢复,有心人为之拍摄了《汇集地区精华的乡间小庙》《排马庙“拜太岁”》《精彩乡间庙会》等纪实性视频资料。

然而,排马庙的庙屋日趋破落,一时无力修建,竟成了危房。2016 年 9 月,庙中大殿在风灾中坍塌。不久,围墙被推倒。在主殿拆除过程中,从墙内挖出明代《排马庙义田碑记》青石碑,一座古庙总算留下了一件历时将近 400 年的古物。

历尽沧桑的排马庙还将会有什么故事呢? 乡人翘首以盼。

明代乡贤蔡懋昭

明嘉靖三十三年(1554),为抵御倭寇,苏松海防道佥事董邦政(字克平,号北山)率部英勇守卫上海县城,却因得罪奸相严嵩的干儿子赵文华而遭到问责。

这时,本地有一位义士挺身而出,以极强的正义感,组织顾名儒、顾名世、乔诰等12名上海县同科举人联名上书松江府、上海县衙门,恳请"上体圣明之侧席,下怜乡国之倒悬,俯徇舆情,俾还旧仕,保上海之孤墉,树江南之屏翰",力保抗倭将领董邦政。

他就是蔡懋昭(1512—1602),字允德,号溟阳,陈行乡蔡家宅(二十一保二十四图,今郁宋村一组)人。他的正义之举,得到了家乡父老的高度赞誉。

蔡懋昭生长于普通的耕读之家,从小受质朴乡风熏陶,始终保持着农家子弟的本色。父亲蔡绣,字文卿,嘉靖年初以贡生出任山东省临淄县训导。伯父蔡绅,字朝卿,号宜斋,正德年间以贡生担任江西省新建县训导、湖北省黄陂县教谕。蔡懋昭于嘉靖十九年(1540)考中举人后,赴浙江省嘉善县任教谕,后升任河北省新河县知县。嘉靖四十四年(1565),他迁任赵州(今河北省石家庄市赵县)知州。得到宰相胡松和御史颜思贤的赏识,推荐其入朝为官。而他见太守陈煜嫡有意阻挠,便拂衣而归。此时正巧父亲去世,他返回故里奔丧。万历年初,他守孝期满,出任广东肇庆府同知,又升思州知府。

思州(今贵州省婺川县治)地处山区,城中无井,汲水要到30里外。他组织人马在府城四门各凿一井,百姓饮水思源,称之“蔡公井”,并塑其肖像以做纪念。万历八年(1580),调任广东阳江海防同知。

蔡懋昭晚年返乡后,与子孙共享天伦之乐,并与堂兄弟蔡懋孝(字幼公,自署石户山农)经常组织八旬文友举办“老人诗会”吟诗唱和。其日常生活极为俭朴,只存4亩农田自耕,有时竟无米下锅,就种了半亩黄花菜,采来充饥,衣衫陈旧了仍不丢弃。府县官员慕其名望赶来慰问,可他却拒访不见,馈赠不受。万历三十年(1602),蔡懋昭在家中去世,享年90岁,安葬在家宅西南,人称“太守坟”。

万历四十八年(1620),江南巡抚毛一鹭为蔡懋昭题匾,颂其“齿德俱尊”。此匾悬蔡家大厅,乡人极为敬重,视为地方胜迹,历代传颂。清末秦锡田《蔡厅访古》诗云:

屋老打头矮,流传四百年。
门前一泓水,犹是古廉泉。

乡贤修身齐家,引领习俗。乡人乐耕勤织,自给自足,使这里保持着淳朴和谐的社会风气。

时有流民迁入,当地人善良待客,相安共处。后人相传的“金方坟”(坐落在今徐凌村境内)轶闻就是一个明证。

里人金平仲(字齐贤)与流落到此的一位方姓老翁很有交情。老翁的儿子带走家资外出经商,遇上了大动乱,多年未返家。方翁日趋贫困,金平仲便供他食宿。方翁去世后,金平仲将他葬在家坟旁,并叮嘱子孙视作家祖,年年祭扫。后来,几代不违祖训,被乡人传为美谈。

蔡家宅有一株树龄达400年以上的“瓜子黄杨”,相传由蔡懋昭子孙种植。如今,黄杨树根部直径约40厘米,周长1米,冠幅约10米,高约7米,苍劲挺拔,气势雄伟。个别树干不是圆的,而呈扁平状。树身上有分布均匀的白色斑点。2011年被人泼洒不知名化学药水,枝叶枯黄,经抢救性保护幸存至今。

郁宋村蔡家宅的黄杨树

秦荣光护乡图强

秦荣光像

秦荣光（1841—1904），初名载瞻，字炳如，号月汀，清道光二十一年六月十七日生于陈行镇。13岁时，父亲特请家住塘口的孙海来家授课。15岁时，被送到周浦镇上外祖父张兆熙（字占泰）家中就读。外祖父对秦荣光管教甚严，因此他天天潜心苦读，“足不入街市”。17岁时，成为补县学生员。恩师张兆熙十分喜爱秦荣光，特意将女儿张维静许配给他。

出山赴义

三年“咸丰兵灾”，给刚20岁出头的秦荣光以极大的心灵震荡，也给了他历练的机会。父亲为“团练”司饷，经常会支派他去代办公事。动乱之后，他深感地方上群龙无首，遇上大事便像散沙一盘，尽管他“温恭廉慎，端重寡言”，却决意要“勇于赴义，仁于爱民”。

同治二年(1863),社会恢复平静。秦荣光参加了吴淞江疏浚工程,担任督工。

同治四年(1865),应江苏“鼎军”统领潘鼎新招募,秦荣光前去应聘,担任襄文案之职。可是,父亲不答应,不久他被强制召回了家。

同治五年(1866),因疏通周浦塘的劳役之事,陈行镇与南汇县之间再次爆发难以调和的争议。25 岁的秦荣光被卷入其中。

早在南汇建县时,就将周浦塘作为主要的运粮河,因此在雍正、乾隆年间,南汇县自行投资进行了五次疏浚,而且疏到陈行市西,凡筑坝而荒废的田地均给予补偿。嘉庆二十五年(1820),南汇士绅曾借口陈行农田受益,强逼承担部分工事,但由于秦惟梅等陈行人的据理力争,得以免役,并成为惯例。

然而,此时陈行镇上一向出头露面的秦惟梅因年迈已经谢事,26 岁的秦荣光便挺身而出。他邀秦惟梅的侄子秦绣彝伴同,前往南汇县交涉。

但是,秦荣光毕竟还年轻,难敌世故。尽管他在南汇县衙再三据理交涉,却始终不见成效,回到家之后又无人出场给予他有力的支撑,最后只得答应支付八十四万文钱作为疏浚土方款,暂时了断争议。

同治六年(1867),由上海知县叶廷眷和南汇知县罗嘉杰出面协商,以“均田均役,通力合作”为浚修周浦塘工程的原则,确定“七图永远协浚周浦塘”,立案勒石。此案明显不公,秦荣光深感遗憾和愤恨。

光绪十六年(1890)冬,周浦塘又要疏通了,争议百年的讼案再次惊动上海、南汇两县。

此时,秦荣光已经 49 岁,成熟干练,敢作敢为。他匆匆赶到上海县衙,向知县陆元鼎(字春江,号少徐)递交《上水利总局求免协浚周浦塘文》,深深地打动了上海知县的心。

光绪十七年(1891)二月,知县陆元鼎赶在卸任之前,最后审定由上海道台捐银币二百元,上海、南汇两县各捐银币三百四十元,充当年开工费,并由漕运官衙捐银币四百元交南汇县存典生息,做日后经费。

为免日后生变,上海知县特意派人将此裁定意见出示勒石。一块立在陈行镇西的武庙内，另一块立在周浦镇城隍庙内。秦荣光欣然撰写《上邑七图免役周浦塘碑记》，详细记载了这一事件的始末，并勒石纪念。由此，陈行镇终于永久性地得以免役。“百年讼累七图民”，这一次全靠秦荣光勇于担当，善于沟通，才促成陈年纠纷得到圆满解决。

重修秦公墓祠

同治十一年（1872），朝廷加封“上海县城隍”秦裕伯为“护海公”。时有秦公裔孙秦悳楙（原名端，字彦华），入龙门书院讲理学，在官场有所交际。他慨然出头，与陈行秦氏族人秦诵莪、秦绣彝、秦荣光、秦乃歌等十余人，联名呈请新任上海知县叶廷眷和刚卸任的知县陈其元（字子庄），要求重修长寿寺秦公墓及秦公祠。

陈其元担任过南汇知县，熟悉秦裕伯故里的情况。因此接到秦公后裔的诉求后，即认为秦公“生为义士，殁作明神，而邱垄摧残，侵占不治，是有司之责也”。因此，率先捐出俸钱二百缗作为倡导，诸绅士响应，共筹得钱三千余缗，及时赎回墓地 19 亩，并决定在基侧建造秦公祠堂。

于是，秦荣光每日前往墓园督工，并筹资在墓前立起石翁仲、石羊、石虎各一对。

同治十二年（1873）秋，墓侧的“长寿里秦公墓祠”也落成了。祠内主奉秦裕伯，侧奉其父、其弟、其子，场面恢复旧制。秦荣光被上海知县叶廷眷委派为董事，负责秦公祠的管理事务。

主张大兴水利

上海地区因近海，时有风灾水患。秦荣光认为：“水无不足利民者，惟利中必有害，善治水者，务避其害而利始全。”“图富必以务农为本，务农必以兴修水利为本。”

秦荣光看到“松江一府，居泽国之下流，大海环其东南，泖淀潴于西

北，黄浦贯注乎中间，海之利最大，而涨溢为其害；泖淀利在蓄泄，而泛滥为其害；黄浦利在潮通港汊，广溉农田，而一日两潮，浑入清出，港汊最易淤塞，实为大害”。他目睹咸丰、同治年间，由于港汊淤塞，黄浦江两岸农田大多成了中高四低的“坍冈田”，不能种植水稻，以致米价倍涨，成为地方最大的忧患。

对此，有何补救之法呢？秦荣光向松江府知府呈送《松江府水利说》，提出“非大兴水利不可”。他真诚地建言献计，提出具体的实施方案：“愚曾深思熟计，唯在使田尽可稻焉尔。田尽可稻，则民不仰食于他方，而米贵可勿忧。况棉性最直稻地，土肥草稀，厥收较厚，则可稻之田，即仍植棉，于民亦利，而欲使田尽可稻，非大兴水利不可。兴水利之法，不在巨干各河，而尤在纵横支水。”他了解地方实情，仔细分析利弊，指出：“农田之资灌溉者，全在支水。开支水之法，愚请于港口各建木闸，或留土坝，隔断干河，不令浑潮日进。唯遇内地旱潦时，放使吐纳。利于民有四：浑潮外隔，则内港长深，不烦数浚，一利也；通流变为停水，则底泥松肥，罱膏田亩，可省饼粪，二利也；先大后小，分年逐浚，务使内港脉络周通，吐纳四应，小舟于内，自便通涉，三利也；内港隔断，则干河潮水，并归一道，进出迅利，并免淀淤，可省批浚，四利也。此四者，避水之害而全收其利。鉴棉利之尽而使棉田变稻者，救郡民之缺米，此实救时急务、富民本计焉。”同时，他直言面临的困难及其对策：“议开支水，厥有四难：一在承浚之境狭则派役之夫少也；一在淤塞既同陆地，则疏凿倍形役重也；一在河身久满成田，则拆田易遭众怨也；一在港汊业经开阔，则桥梁总需增改，费更无着也。有此四难，虽有热心任事者，孰弗洁身引退乎。夫愚民可与乐成，难与图始，劳怨止一时，利赖及百世，良有司但实力行之，可矣。难经费不赀，断非积困之民所能独办，愚请仿嘉定县例，常年于忙漕项下、平余公费两款内，各准酌提若干，抵充挑浚支水经费，俾四乡得以分别缓急，逐渐开办。则不出十年，水利大兴，田尽可稻。”

数十年间，秦荣光“最所究心，厥惟水利”，心中时刻充满着忧患意识，主张“大修水利最宜田，潮浊泥淤港易填。留坝浚深兼置闸，禾棉那虑旱无年”。坦言只要“有爱民之实心”，就能“为民兴利去害”。

力举兴农良策

光绪七年(1881),因天灾棉花连年歉收,当地民生困苦,秦荣光陈请县衙将官仓"积谷以计息"贷放给贫民,以救燃眉之急。未获批准,他再呈省署,终获批准。后来,逢歉收年份都引以为例,使受灾民度过了一个又一个荒年。

当时在上海城郊农村中,人们受城区日趋商业化的影响,争相抛田经商,或重棉轻粮,以趋近利,以致地方经济结构严重失衡,粮价成为社会问题。秦荣光称之"终年食米仰地方,吾邑贫农乏盖藏。万一米源中断绝,预筹补救讵宜忘"。

光绪十四年(1888),世界多地粮食歉收,外商大量套购苏浙地区粮食,出口谋利,造成上海城乡粮价猛涨,社会发生骚乱。秦荣光向上海知县裴大中提出建议,计划利用当时秦锡田正掌管湖北丰备仓的特殊关系,从湖北购运粮食,有效平抑上海粮价。

遇到荒年时,必须采取相应的救济措施。秦荣光提出的荒政良策是"大减冬漕,恤业佃;酌免卡厘,惠农商;饬丌支港,代发赈;赈恤极贫,免生变;准借仓谷,充民食;督练民团,卫乡土;严禁烟馆、茶肆,节靡费;重惩积恶光棍,杜乱萌"。

清廷为镇压太平天国运动设立了厘卡制度,但战争结束后没有撤销,民怨沸腾。秦荣光揭露其"为藏垢纳污之地":官府选派巡卡员时不问人品,唯徇情面,以致"各司员不但针头削铁,牛剥重皮已焉,其法外苛征者面目虽然官府也,心手实更辣于劫盗",因此强烈要求撤销厘卡制度。

秦荣光一再上书上海知县,坦诚表白:"荣光向窃慕经世之学,其于吾邑农田水利、政俗民情尤所留意,自以忝附士林,兼董乡局,凡属地方利病所在,恒耻自同寒蝉,顾老困一巾,人微言轻,罕见施用。幸来福星,敢贡其说,如右明府,倘赦其狂愚,察其谅直,不以为忤,诱使尽言。荣光将毕吐平生所知见效,愚得以上供努采,不唯一献书已焉。渎尊严曷胜惶悚,暂迟造谒台阶有澹台氏，非公不至之例在，并希监谅不宣。”

盐捕营扰民案

当年，浦东沿海设有盐场，有不少贫民以贩盐谋生，而时有强人在黄浦江渡口设卡刁难、敲诈，引起冲突，影响治安。

光绪十七年（1891），秦荣光在查阅南汇旧志时，发现“前令钦公（琏）有盐课摊入地丁之议”，即以“正本清源，国民两利”为主要理由撰写建议书，并兴冲冲带着门生胡祖德、朱聘珊去求见江苏巡抚刚毅（字子良）。刚毅收下了他的建议书，可是没有下文。秦荣光不罢休，继续向松江知府呼吁。事情拖到光绪二十三年（1897），松江府设立浙西盐捕营，在沿黄浦江各渡口处设卡缉查，并有巡船在江上堵塞盐贩，乡人称其为巡捕左营，俗称“盐巡”。

这原本是加强社会治安管理、确保地方经济发展的必要措施，但由于巡捕左营人员太腐败，时常以缉私为名，强劫客商，反而成了危害百姓的“黑社会”。

乡人对此极为愤恨却束手无策，而“流氓”肆意横行，扰乱了乡镇社会秩序。被乡人称作“流氓”者，一是大量贩卖私盐者，俗称“光蛋”，当地的叫“土蛋”，外来的叫“客蛋”，他们与因生活所迫而不得不进行私卖的“小贩”截然不同；二是“盐巡”对“大贩”视而不见，只监督本地“小贩”。而“光蛋”向巡捕左营管带暗送“月规”之后，就可以公然大规模贩卖私盐，甚至有巡船为其开路。“光蛋”成员中，甚至有巡捕左营的勇兵和曾经当过勇兵的人。“盐巡”“大贩”以及“光蛋”经常相互勾结，勒索钱财，使当地治安不断恶化。秦荣光称：“盐捕巡船借缉私，孤商拉劫浦江事。贩私便是称光蛋，管带通同月索规”，“浦东蛋党迭纵横，纵火都由盐浦营。土蛋结帮投客蛋，掳人勒赎路难行”，“有时光蛋冒官巡，号桂军旗一一真。原属盐营前革勇，相逢相认总乡亲”。秦锡田也揭露其真相，称：“官盐不卖禁私盐，大贩宽容小贩严。一笑素餐风味好，只尝辛苦与酸甜”，“盐巡入港禁森严，港口巡船次第添。枭贩未来船调去，分明奉檄纵私盐。”

一天,有南汇人严顺楼到上海城里去出售棉花,驾船返回塘口时,偏偏遇上盐营巡船拦阻严查,被指控为贩私。严顺楼忙出示售花验行的单据,巡船人员仍不肯罢休,劫走银币一百五十多元。严顺楼吓得跳江逃生,赶到陈行镇上向秦荣光求援。秦荣光愤慨地拍案而起,依据乡人要求和大量事实,撰文呈报松江知府,要求撤走黄浦江畔的巡捕左营,并严惩肇事者。

经过几番周折,那几个肇事者总算是撤走了。可是,盐营依然在黄浦江畔随意设卡扰民,造成塘口等渡口的渡船无法正常作业,凡有急事必须过江者,只得叫渔船代替,但渔船小而黄浦江阔,一遇风浪险象环生,乡民们怨声载道。

秦荣光又向上海道台提出:应编定专用渡船字号,不准盐营堵截;如果渡船参与贩盐,则扣船由保长撤换船夫。并在塘口至车沟渡的渡船上钉了告文牌,注明为“义渡”,才求得一时太平。但秦荣光深感“此营不裁,吾民无安枕之日”,便又向松江府衙门提出《裁卡议》。可是,府衙门不以为然,以致事态日趋恶化。

光绪二十五年(1899)六月,巡捕左营的官兵在题桥镇上随意打人,当地居民群起抗议,要将他们轰出题桥镇。巡船边退边开枪示威,路过陈行市中大木桥时,又开数枪,以致正立在桥上的乡民凌元观、汪阿五2人中弹身亡,另有5人受伤。

事发后,陈行人被激怒了,要求官府严惩凶手。盐营管带吴福海(字家正)却通知死者家属到塘口,勒令当场棺殓了事。陈行人又告到松江府,知府濮子潼(字紫泉)只得要求上海县知县出面复查。这时吴福海慌了,派人赶到陈行镇向秦荣光说情。遭秦荣光严词拒绝后,吴福海又用重金向上海知县行贿。知县王豫熙(字欣甫)受其贿赂,便尽力为盐营开脱。

可是陈行人不罢休,秦荣光便越级上告。正巧御史宋承庠(字养初)是松江华亭县人,而且是秦锡田亲家的好友,关系一直很好,因此,秦荣光设法将状纸转送到他那里。宋承庠为人正直,据实劾奏,并奉旨交两江总督查办。经过一番周折,终于会审定案,将犯有杀人罪的兵弁头目吴宪鸿正法了。

秦荣光趁势又上书时任江苏巡抚的陆耀(字青来,号朗夫),历陈浙西盐捕营扰害整个浦东地区的事实,详详细细列出十个方面,要求为民除害,撤走盐营。

让农家子弟都上学

儿子秦锡圭高中进士,秦荣光在欣喜之余,依然忧心忡忡。面对现实,他真切地感受到,科举之路比登天还难,比巷道更窄,本家众子弟苦读数十年没有几个能出头的,更多贫寒子弟连私塾都进不了。如此下去,这片土地怎么能日益兴旺呢?他从同治十三年(1874)起在家设馆,收下门生 18 人。但是,这样的办学规模太有限了。

光绪十五年(1889),趁上海知县裴大中(字浩亭)前来陈行地区视察之机,秦荣光再三吁请县衙能在这里设立义塾。开明的裴大中赏识秦荣光抑强扶弱的侠士风范,当即给予批准,常年捐钱八十千文充塾师束修及纸墨费。

翌年正月,仁巷义塾终于在武庙东厢房内开学,一举招收了贫家子弟 30 名。秦荣光的门生争相担任教师,支持其办学壮举。此后,秦荣光不惜移用自己主持管理秦公祠的经费,又接连创设了 6 所私塾。

光绪二十一年(1895),秦荣光担任上海县学候选训导之后,眼界进一步拓宽。当时,上海正成为西学在中国的传播中心,新式文化事业方兴未艾,已建起敬业、龙门等书院,传授经学、史论、算术、时务等课,使秦荣光这个传统文人十分动情,他打算在家乡也建一座这样的书院。

为此,秦荣光慨然而言:“上不能保全吾民,吾民不亟自谋保全,小覆族大灭种矣。谋保全在务自强,务自强在结团体。”他向家乡父老发出呼吁:“吾同志联络吾父兄子弟,相与广教育、习武备、课工艺,行之十年,庶几民智可开,富强可图,而外侮可御欤!”

建立书院需要一大笔投资,仅靠自己和陈行一地难以承担。于是,秦荣光赶到三林镇上,这里有两位颇具实力的亲友。一位是他的岳丈、“浦东财神”汤学钊(字蕴斋),另一位是他的妹夫、杨思镇上的武举人周希濂(字景溪)。经再三恳求,汤学钊和周希濂终于同意各捐50亩田地,秦荣光自捐10亩,共集到200亩。

光绪二十二年(1896),三林书院在三林塘文昌阁正式开学,课规仿敬业书院,设有师课。立经学、史论、算学、舆地、掌故、时务等六门课,所授均为根底之学,体现了“切实致用”的教学原则。初创时不设院长,推举三林塘的赵履福(字志熙)负责书院具体事务。

当时风气闭塞,《钦定学堂章程》尚未颁布,赵履福广征博考,制定适当的教育法则。他对学生要求严格,而待之以恕道,循循善诱;对教师亲切诚恳,一秉至公,不自矜式,以此闻名来学者日益增多。

光绪二十五年(1899),秦荣光利用筹建三林书院的余款,在二十八图长寿里秦公祠、二十八图兴福庵韦驮殿、十七图三官堂、二十九图排马庙、三十图云起庵(小庙)等地办学。陈行地区一下子建起这么多的义塾,学业之盛,令四乡惊叹。

改制三林学堂

20世纪最初的10年,中国社会正处在剧烈动荡之中。在戊戌变法的推动下,清政府实行新政。

秦荣光饱经科举之累,又领受兴学之甜,因此对维新思潮十分看好。他兴奋地挥笔写下几首《新乐府》:“开学堂,图富强,学堂用意长。”“科学分门期实用,空言扫尽烂文章。”他决然要把三林书院改制为三林学堂。

学堂校舍改建之后,形成了新的格局。校内以文昌阁为中心,北面利用慈悲阁改造成楼房,上作教室,下作膳房等;东面利用城隍庙西厢楼由东向改西向作为学生宿舍,并将和衷堂棺木清出改作室内操场;西侧利用张氏宗祠作会客厅。文昌阁前添造了一排楼房,作办公室、储藏室和宿舍用。慈悲阁后面增辟了操场,占地约2万平方米。

光绪二十九年正月二十日(1903年2月17日),三林学堂正式开学。学

生名额原议40名，因报名者甚多而酌增至60名（最多一年达90名），分大、中、小三级编班授课。

秦荣光亲自拟定学科，初定中文为经学、史学、地理、历史四科，外文为英文和法文两科。至第三年，学务大臣奏定高等小学章程，开始增改学科，添置仪器，教授物理、化学，并且增辟了操场，开设体育部，练习兵操等。

为尽快掌握管理学堂的经验，光绪二十八年（1902），秦荣光出资派遣门生孔祥百、朱绳武和三林乡的朱孔文等赴日本留学。

第二年年初，秦荣光又派遣小儿子秦锡芝（字葭春）和陈行镇孔祥里（字紫馨）、周岐凤（字佑初）等赴日本留学。

他们留学毕业归国以后，大多在三林学堂或陈行乡村学校任教。秦荣光喜欢与他们交流思想，吸纳他们带回来的新观念、新知识。他们给三林学堂带来了新气象，自然也都成为本地区社会变革的急先锋。

为增强团练力量，秦荣光从三林、陈行、杨思镇各选出绅商子弟80名，利用休闲时间到三林学堂集训，特聘刚从日本东京留学归来的钱桐（字孟材、孟禅）担任军体课教员，担当训练任务。

著述传世

秦荣光十分勤奋，平时读书时必手自批勘，长期坚持笔耕，著述累累。而且，他自幼热爱乡土，喜欢研读地方文献，一向注重搜集地方掌故，对上海地方历史的研究造诣很深。他研读方志时，凡发现可疑之处，便留下签注。由于他坚持务实求真，对前人之言敢于质疑，又善于考释，因此为后人留下了《光绪〈南汇县志〉札记》和《同治〈上海县志〉札记》两部传世之作。

光绪五年（1879）冬，张文虎总纂的光绪《南汇县志》出版。秦荣光研读后，发现其中存在不少可疑之处，便用心逐一进行考证。日积月累，他索性将光绪《南汇县志》应增订纠谬之处汇集成册，辑成《光绪〈南汇县志〉札记》。此作问世后，受到各界好评。

同治《上海县志》由著名学者俞樾编纂，为晚清上海各种资料最多最全者。秦荣光发现其中也存在一些不足之处，有碍后人了解历史，就仿《嘉庆〈上海县志〉修例》的体例，对同治《上海县志》进行系统的纠谬和补缺，这些成果汇辑成《同治〈上海县志〉札记》，成为研读同治《上海县志》时必须参阅的文献。

秦荣光一向“殚心书史，重于求实，关心乡土典故”。他十分注重摘录前人笔记，丰富自己的学养。他对地方文献尤其关注，长期坚持摘录积累，先后辑成《梓乡文献录》四卷、《梓乡杂录》四卷，并编有《秦氏支谱》《家传》《淮海先芬咏》等并著有《养真堂文抄》《养真堂诗抄》等，尤其是他编撰的《上海县竹枝词》700首，极富史料价值。

光绪二十九年（1903）七月，已过花甲之年的秦荣光终于病倒，不能再外出奔波，只得将三林学堂的事务大多交给了秦锡田。但他在家不甘清闲，抱病整理文稿，撰写《自述诗》32首。病情初愈，他就忙于编撰《上海县竹枝词》700首、《新乐府》100章、《陈行竹枝词》80首以及《淮海先芬咏》一卷。

秦荣光针对某些学子“能知三代而不能当今，能知九州而不能知本地”的现象，编写了一些乡土教材。他将没有被县志详细记录下来的史料整理出来，以竹枝词的形式，又模仿县志的体裁，逐一吟咏，累积有700首。典故类的作品，内容以全上海为对象，涉及上海地区的自然、经济、文化、社会、政治等各个方面的情况。尤其是所作的附注，保存了丰富的资料，记载翔实具体，可补其他史志的不足，而且不仅征引了大量的书籍、史料，并根据自己的研究对史料进行了考订辨伪的工作，纠正了府、县志和其他史书的一些错误。尤其难得的是，他如实地记述了上海开埠以后的大量现实情景，极富史料价值。

光绪三十年（1904）七月初，秦荣光患上腹泻，极为难受，但他依然日起坐行步如常，忙着为三林学堂改定科目，购置仪器，并派员测绘当地地图，调查户口、田亩。每天清晨，他必定会来到操场上，观看钱桐带领军训学员列队出操和持枪打靶。

七月十一日（8月21日）傍晚，秦荣光忽然呃逆和气喘，当夜便离开了人世，终年63岁。

十二月十日，秦荣光安葬时，四乡民众塞途，同声哀吊。

民国八年(1919)，黄炎培在《养真堂文钞》序中，对秦荣光所做的贡献有很高的评价：“齿尊于一乡望，高于侪辈，而其眼光不拘拘于陈编，不规规于流俗，尽破新旧之成见，独以其明通正确之理解，判别是非，而揭橥以为的，则群疑释而众嚣息，而无形中之嘉惠地方也亦特厚。盖三十年，全国无一日不在新旧思潮之冲突中，而其所蒙之影响，有祸有福，其改进也有迟有速，皆其地一二人为之也！温毅先生非其人欤！试读其文，凡所为罢科举，兴学校，禁鸦片，戒缠足，筑路，开矿，裁礼金，兴银行，改金币，务农重工，在今日皆为是非以定之问题，读者须知，此为二三十年以前之文，作者为当时高年硕德之乡先生也。读此编所为感喟于无穷者，二十年前先生所倡禁鸦片，今私吸私售转益盛矣。所倡裁厘金，裁其名不裁其实，且加厉焉，所倡办团练不获数数见有之团焉而已。练于何有而萑蒲之警滋益烈，乃至务农也，重工也。”

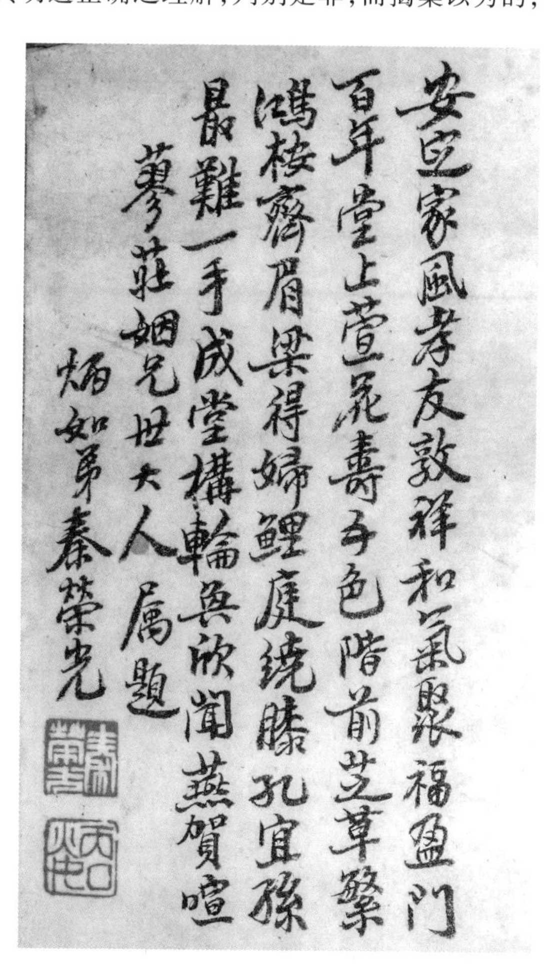

秦荣光为胡勋大(陈行胡氏九世孙，字蓼庄，清晚期国学士)画像题识

召稼楼情缘

秦锡田

清光绪五年(1879)三月,秦锡田(1861—1940,字君谷,号砚畦)十八岁,考入上海县学。不久,比秦锡田小三岁的秦锡圭(1864—1924,字镇国,号介侯)也紧追其后,成为生员。兄弟俩经常到召稼楼去走亲访友。

在召稼楼镇上,拥有田地万亩的奚氏家族与陈行秦氏深有情缘。秦荣光的父亲将三女儿嫁给了“人瑞堂”的奚世荣,秦荣光也将大女儿嫁给了“瑞凝堂”的奚在兹,赏识其心地天明,待人接物无不宽厚。因此,秦荣光及其子女是召稼楼奚家的常客。

奚氏人瑞堂,始建于同治三年(1864),主人奚渊璧(号宝纶,字月如),为奚氏家族第十二代长房长子。此前几年,奚氏祖屋毁于战乱,而奚渊璧携家

眷在武汉盐务司任上，避过了这场灾难。他携三子二女返回召稼楼之后，在上海城内投资建立“震源钱庄”，随着家业迅速扩张，又在周浦、新场、下沙、大团等地开设了14家典当铺，实力显赫，被人们称为“浦左首富”。经过8年努力，人瑞堂大宅院于同治十一年（1872）全部建成，有前后三进，每排有正屋15间（未含侧厅、羽屋），其规模在浦东地区实属罕见。

奚渊璧十分注重子孙培养和社会公益，见长子奚世荣已满20岁，便命他随同秦荣光倡办义学，并在自家人瑞堂第三进宅屋内设立义塾，以重金聘来名师授教，人称“东书房”和“西书房”。

奚世荣（1848—1902）自号寿鄐、受鄐、寿簠。博学好古，收藏金石文字，善古篆籀，尤精铁笔，山水画烟峦秀丽，专师黄鹤山樵，不落时蹊，人称“一代隐士”。

奚世荣比秦锡田年长13岁。同治年初，年幼的秦锡田见到三姑夫奚世荣时，深感他“翩翩少年，雄辩高谈，意气豪迈，而喜与锡田兄弟狎闲”。10年后，秦锡田前往三姑母家，读到他写的悼亡古体诗“哀感顽艳，泪痕满纸”，深感他不仅“丰姿秀逸，吐属风雅”，更是“深于情者”，因此总想拜其为师。

秦氏兄弟俩20岁左右时先后成婚，并一起辗转三林、周浦、川沙城等地忙于执教和研读。秦锡田时常寻机到召稼楼探亲，与奚世荣“纵谈高歌，至为欢乐”。姑夫家藏书丰富，尤其金石书刊垂手可得，秦锡圭也常来小住几日，如鱼得水，学问大进。

光绪十四年（1888），以姻兄秦荣光、堂兄奚世荣等为问业师的奚世来（字千里，号雁宾）年仅19岁，能文工书，小楷学灵飞经尤娟秀绝伦，才艺出众，以南汇县民籍参加戊子恩科乡试，结果中式第八名成为举人，轰动四方。

而此时，秦锡田已28岁，秦锡圭也已25岁，奚世来的中举对秦氏兄弟俩产生了强烈的激励作用。

人瑞堂执教

光绪十二年（1886）起，秦荣光到这里设馆施教，前后有三年，拥有一批门生。当时，上海城区出版了很多新书，而“寒士力难遍购”。他就组建了一个购书会，集资联合购买有用之书，各自轮流取阅，深受大家好评。

光绪十五年(1889)，秦锡田为了求得更多向奚世荣学艺的机会，便索性从上海老城厢大南门同仁里转到召稼楼镇南的梅月居(俗称“九十九间屋”，今称“梅园”)“平寿堂”执教，担任奚世彬(生于1873年，字俪文，奚渊源之子)的专职教师。

奚世彬学习勤奋，不问尘事，有空便莳花种竹，自得其乐，其秉性仁慈，每届隆冬必以衣米周恤贫民，又曾捐钱三千圆充善堂基金。秦锡田在这里十分悠闲，以书自娱。

秦氏兄弟俩认真执教，口碑甚好。奚世荣十分喜爱这两位内侄，便于光绪十七年(1891)请他俩一起到奚家人瑞堂来任教。奚世荣还亲手制作竹章镌字赠予兄弟俩，以示鼓励。

于是，秦锡田、秦锡圭兄弟俩相聚在人瑞堂，一边在此执教，一边求教于奚世荣、奚世来，钻研学问，继续一次次地应岁试、乡试，盼望走通仕途。

经过几年奋斗，秦氏兄弟俩终于在光绪十九年(1893)癸巳恩科年试中一起考中举人，也使奚氏家塾的声誉更佳。

在这几年里，秦氏兄弟俩的学生众多，除人瑞堂自家子弟和当地奚燕子(名囊，号生白，原名在林)、奚振云等之外，还有慕名而来的曹汝霖(1877—1966，字润田)、黄炎培(1878—1965，原字楚南，改字任之)等。

据《曹汝霖一生之回忆》记载：光绪十八年(1892)，曹汝霖15岁了，父亲曹达成原本想将秦锡田聘到家中做家教，因召稼楼奚氏已经捷足先登，就将其直接送到奚家“人瑞堂”寄宿就读。曹汝霖在召稼楼跟随秦锡田学八股文、试帖诗，读完《诗》《书》《易》《礼》《春秋》，又读《周礼》《纲鉴易知录》等，颇有长进。第二年，秦锡田护送他赴松江城初应童子试，可惜未被录取。不久，曹汝霖便离开召稼楼，转学到上海城区，直到18岁再应童子试，总算考中了秀才。

光绪四年(1878)10月1日，黄炎培生于川沙城内，父母早丧，9岁起寄居外祖父孟荫余家。自此，他只得边看店铺维持生计边自学，利用姑父沈毓

庆家中丰富的藏书广读博览。而其姑父为秦锡田的亲家，闻听秦锡田兄弟俩在召稼楼奚氏人瑞堂家塾执教，就于光绪十八年(1892)，将14岁的黄炎培送去就读，由秦锡圭主教。

黄炎培的长辈与召稼楼奚氏结有姻亲关系，因此称奚世荣为舅舅(实为表伯)。在人瑞堂，经秦氏兄弟的传授，黄炎培大有长进。他对诗词情有独钟，凡走进书斋，见有诗集随手就乱翻，读了不少却未见消化。秦锡圭见此状况，即告诉他："学诗，必须从整饬、凝练下手。"于是，他苦读细想，习诗功夫日益纯熟，诗风转入自然。

光绪二十年(1894)，16岁的黄炎培应考县试未成，但他毫不退却，继续埋头苦学。当时，祖母为他多次说婚，均因其家境贫穷而遭人拒绝。正巧，姑父有个朋友发觉他文章写得好，答应将女儿嫁与他。黄炎培订婚后，仍静心在此读书。

光绪二十一年(1895)夏季，秦氏兄弟因赴京参加恩科会试，离开了召稼楼。

漫漫应试之路

按照中国科举制度，应考士子需通过县试、府试、院试，再到乡试、会试、殿试，由童生考上秀才、举人、进士，再到世人艳羡的探花、榜眼、状元，可谓路漫漫。

光绪十一年(1885)，秦锡田与叔父秦冬余(字绣平)一同应乡试。

光绪十二年(1886)，秦锡田与秦锡圭兄弟俩一起参加松江府岁试。主考官是江苏学政王先谦(1842—1917，字益吾，人称葵园先生)。来自南汇的于鬯(字醴尊，一字东厢，自号香草)名列榜首。秦锡田的古学(研究古文经、古文字之学)被列为第一名，秦锡圭的诗古文获第五名，试场称兄弟俩如"云间二陆"。秦锡田因此补增广生员。此后，他再三向恩师王先谦求教，继而对《晋书》校注产生了浓厚的兴趣。

光绪十四年(1888)，秦锡田第3次参加乡试。这次他与闵行镇名士李林松之后李邦黻(字梯云)一起赴考,就此与这位“书呆子”常有交往。

光绪十五年(1889),秦锡田与同族叔父秦始基(字亮臣)同行,又一次应乡试。

光绪十六年(1890),秦氏兄弟俩又参加了庚寅科试。江苏提督学政杨颐(字子异,号蓉圃)取秦锡田史论为第一名。7年后,秦锡圭在京邸拜见他时,谈及当年投考之事,他仍记忆犹新,极力称赞。

光绪十七年(1891),31岁的秦锡田第5次应乡试,可惜入场即因劳累而病倒。他仍想坚持撑到终场,称“敢将性命搏科名”,遭考官拒绝。

光绪十八年(1892),秦锡田又应岁试,列二等。他倾心撰写《松江水利说》,主张黄浦江各支港应在港口筑堰建闸,控制浑潮。

为增长学问,兄弟俩四处拜师,先后求教于汪人骥(字逸如,上海广方言馆讲席)、陆润庠(1849—1917,字凤石,号云洒、固叟)和叶昌炽(字兰裳,又字鞠裳、鞠常)等沪上名师,以及徐迪新(字古香,金山人,工部郎中、军机章京)、席淦(字翰伯,青浦人,上海同文馆教习)、王庆平(字相云,上海人,光绪朝进士)等。

尽管秦锡田“敢将性命搏科名”,可惜屡战屡败,仕途不顺,直到光绪十九年(1893)九月,他与胞弟秦锡圭一起参加乡试,幸遇翰林院庶吉士顾莲(字香远、贞献,号子爱、复斋,娄县人)赏识,兄弟俩才一起考中举人。此时秦锡田已经33岁。

光绪二十年(1894),秦锡田赴京参加恩科会试,二月初就启行,与同考好友结成文社。应试数月,可惜未及第。

光绪二十一年(1895)夏天,秦氏兄弟俩一起参加会试。担任监试官的御史宋承庠(字养初、莲漪,华亭县人),是秦锡田亲家章士荃的好友,彼此倍感亲切,兄弟俩的心情也轻松了不少。

这一次,好运终于降临。一份份令人振奋的喜报接连从京城传到陈行镇:“二老爷”秦锡圭殿试时获第三甲第四名,朝考时为第一等第二十八名。在“上海县城隍”秦公后裔中,又出了一名进士!这喜讯立即传遍四方。秦荣光终于可以朗声欢笑了。养真堂内再次彩灯高挂,高朋满座,陈行秦氏风

光四溢，享誉整个浦东地区。

因秦锡圭中进士，秦荣光以及父亲秦诵莪、弟弟秦乃歌获赠封为五品奉政大夫。不久，54 岁的秦荣光终于获得“补岁贡生”的功名，就职上海县学候选训导。秦氏家族几代人的不懈奋斗。终于得到了回报。他们信奉“学而优则仕”的社会法则，经过近 200 年的努力，终于又出了一名进士，似乎一切都峰回路转了。

但遗憾的是，同赴京城会试的“大老爷”秦锡田未能登第。更不幸的是，秦家小儿子秦锡芷（字祝升），屡试不第，愤懑成疾，年仅 24 岁就因患痼疾而不幸离世。

回顾这一段漫漫应试之路，秦锡田感慨万千：“夙昔奉庭训，为学须自强。但愁学无成，非患名不彰。笑我十一载，六踏槐花黄。壬午随我父，初观上国光。可怜足三刖，和璧韬光芒。辛卯又应试，病魔临试场。性命非孤注，善刀退自藏。且将锥刺股，莫诧书撑肠。干将经淬砺，锋锐不可当。癸巳秋八月，渡江雁飞双。制为同功茧，艳若古锦囊。放出棣华榜，丹桂连枝芳。计吏偕北上，京洛洗尘装。冠盖纷来往，文章相颉颃。埙篪互酬唱，风雨夜连床。岛国忽开衅，榆关敌焰狂。前军屡弃甲，杀气腾梼枪。而我好整暇，朝朝文阵张。庐前兴王后，意气皆飞扬。和戎成魏绛，主试命欧阳。余季幸登第，平步上玉堂。顾我又康了，浩然归故乡。欢情承菽水，书味寻缥缃。一场蕉鹿梦，得失胥两忘。”

在京城

光绪二十二年（1896），秦锡圭到北京进入翰林院为庶吉士（五品）。按惯例，新进士要在此学习三年，经考核再授官职。

此时，秦锡田正带着儿子在上海蔓盘路（今新昌路）杨斯盛（字锦春）家中执教，并埋头做些学问，研究《汉书 · 艺文志》等。同时，他热衷于对时局发表些议论，撰写了《徐文定公论》一文，以上海植棉失利而改种粮食之说，评论徐光启的《农政全书》。不久，他又应上海木业巨擘胡执卿之请，到其家中教授胡义儒、胡文儒兄弟俩,前后达2年。

光绪二十四年(1898)三月初,秦锡田又赴京应会试,借胡家的关系寄宿在东厂胡同胡端臣家中。可惜,应试结果再次令人失望。秦锡圭劝说他留在京城,以便求教名师,来年再考,仕途总会走通的。

而秦锡田却决意返回了上海。接连两次北上"铩羽归矣",他自叹"余少无宦情"。但是他没有将自己封闭在陈行镇上,而是一边继续在上海城区执教,一边静心苦读史书,为《晋书》补表,从而提高国学水平,等待出山的机会。同时,秦锡田走进格致书院,学习西方的科技知识。光绪二十五年(1899)冬,他撰文应答曾出使英、法、意、比的龚照瑗(字仰蘧,号卫卿)所出"中国创行铁路利弊论"的命题,结果被评为优胜答卷。后来,他的答卷还被收录进《经世文新编》一书中。

当时,秦锡圭在翰林院学习期满,奉命赴山西省寿阳县去担任知县。告别京城之际,他给父亲写信,相告京城风行捐资纳职的信息,希望长辈们设法帮助兄长走通仕途之路。

秦荣光及亲友们眼见秦锡田屡试屡败,生怕他对功名仕途失望,纷纷动脑筋相助。川沙实业家杨斯盛闻讯后,表示愿意鼎力资助,以回报秦锡田在杨家设馆三年,精心教授其子的功德。

于是,刚迈入不惑之年的秦锡田于光绪二十六年(1900)三月,带着儿子秦之望,乘海轮前往北京城。在海轮上,他遇见2年前刚中进士的同年朱运新(字似石)以及出生于金山县的同年黄斗平,交谈时心头总是忧郁。到京后,他即去会晤出生于奉贤县的同年程蓉生,两人一起硬着头皮去疏通关节,捐纳内阁中书之职。

同年五月,适逢义和团开始大举入京,顿时世事纷乱。秦锡田颇感新奇,写下了《庚子五月都门杂事诗》四首,感叹"红灯照,红灯照,红灯飞起逾海峤"。

然而,时局日趋恶化,不可收拾,秦锡田只得慌忙逃离京城。他一心想出门见识世面,因此没有急于回家,而是转赴山西寿阳,前去看望秦锡圭,想亲眼见识自家胞弟担当知县的风采。

谁知晓，秦锡田这一路上饱尝辛苦，渡居庸，越雁门，走不尽崎岖山道，历时达33天。而他兴致勃勃，一路感叹良多，诗兴大发。到了山西，他也未急于去见秦锡圭，而是先到太原城畅游了一番。

令人意外的是，偏偏就在这一年夏天，秦锡圭竟然遭遇了一场灭顶之灾。

谁知为官太凶险

光绪二十四年（1898），秦锡圭携带妻子顾氏奔赴山西省寿阳县担任知县，后加同知衔。妻子是南汇县五品候选同知顾继昌的三女儿，自幼无忧无虑，而成婚14年来，陪伴秦锡圭追求功名而艰辛度日。体弱多病的顾氏来到寿阳县，说是“知县夫人”，却天天忙如农妇一般，操持家务，毫无怨言。

秦锡圭随身携带着父亲专为其撰写的《箴言》一卷。秦荣光毕竟是正统士人，特意作令叮嘱儿子要清正做官，兴利除弊，为秦氏家族争光。

担任寿阳知县之后，秦锡圭坚持为官清廉，体察民情，又勇于任事。这里土地贫瘠，而徭役繁重，民生困苦，时常发生溺死女婴事件。为此，秦锡圭筹集经费创设保婴局，规定贫困家庭新生女孩可按月给予补贴，并撰写《保婴歌》刊发城乡，互相劝诫，从而缓解了局面。

秦锡圭夫妇在异乡客地的生活逐渐安稳下来。顾氏生性俭约，尤其珍惜财物，家中的褥垫、草席、桌椅每天要拂拭几遍，连那些残缣断线也都会妥善安置。她与丈夫同心齐志，坚决为官清廉。夫妇俩省吃俭用，积蓄了一笔资金，准备在父母60岁寿庆时专程返沪隆重操办一下，以表孝心。秦荣光得知后，好言拒绝。正巧，秦锡圭夫妇俩看到寿阳县西部的入省要道要罗山崎岖倾仄，急需资金改变交通状况，就将这笔资金移作鸠工修路的费用，并在杀熊岭山口勒石为父母祈福。秦荣光得知后，对儿子大加赞赏。

正当秦锡圭尽心尽力为民造福之际，一场动乱击碎了他的梦想。

光绪二十六年（1900）夏天，榆次县义和团突然杀进寿阳县境，焚烧教堂,杀伤教民。秦锡圭顿时惊慌不已,只得恳请省兵弹压。不久,“八国联军”入侵北京,光绪、慈禧两宫避难西奔,各路军马来往纷纭,以致寿阳征徭更加繁重,粮食愈发紧张。

秦锡圭急忙应对,在各乡设“清徭”分局,储备粮食,平价发售。他举办民团,扼守险要,还亲自率领练勇往来巡查,约束过境各军,防止骚扰百姓。

次年,盂县测石驿驿马被劫,公文不能转递,秦锡圭派人分头徒步去直隶获鹿一带访察军情上报。终于为山西巡抚毓贤(1842—1901,字佐臣)所识,委兼“全省营务处”之职。秦锡圭即召集各军将领收聚溃兵,分夺要塞,以保全省境富饶地区。

此时,秦荣光得知寿阳已难逃蹂躏,便给秦锡圭发来急信,叮嘱儿子在此关键时刻“勿逃死,勿受辱”。秦锡圭牢记父亲箴言,沉着地应对事变。

就在这场动乱之中,在当地的外国传教士华翰道赶到寿阳县衙门,请求保护。秦锡圭生怕义和团滥杀无辜,即派人护送2名传教士和5名教民前往省会太原。不料,巡抚毓贤极端仇教排外,竟以教民扰事为由将他们全部捕杀,以致酿成一大教案。

秦荣光得知此事后,又急信告诫儿子:“吾虽不杀伯仁,伯仁由我而死,罪戾之来,在目睫矣。国辱如此,牛马奴隶,皆意中事。愿汝修德读书,毋隳初志。”

这件山西教案很快惊动了京城,毓贤因教案获罪革职充军到新疆,秦锡圭也受此牵连而无辜蒙冤,被削职遣戍甘肃凉州(甘肃西北部的武威)。

此时,秦锡田正巧仍滞留在山西,对于亲兄弟所遭遇的不白之冤他无力相救,只能一同叹息忧苦,相互安慰,匆匆告别。

顾氏为丈夫饱受惊吓,抑郁成病,此时难以陪伴秦锡圭转赴凉州,只得随秦锡田返回了上海。数月后,顾氏的病情日趋恶化,竟不治而亡,年仅38岁。

秦锡圭的这一番不幸遭遇,令秦荣光、秦锡田和陈行镇上的老老少少连声感叹:为官如此凶险,“学而优则仕”究竟是金光大道还是华山险路?年轻人的奋斗目标究竟在哪里?

路转峰回

富有戏剧性的是，就在此时，秦锡田的仕途却突然路转峰回了。

光绪二十七年（1901）九月，秦锡田接到候补内阁中书的通知，便匆匆告别兄弟，赶到保定，乘火车赶往北京就职。

十月，秦锡田补缺担任内阁中书（从七品），在内阁中掌撰拟、记载、翻译、缮写等，经亲家章士荃引荐，寄居在松江名士、时任外务部考功司员外郎的雷补同（1860—1930，字谱桐）家中，并与其子雷润民、雷炳阳兄弟伴读。章士荃、雷补同、宋承庠是京官中的同乡，交往甚密。秦锡田与他们相处融洽，尤其是每月一次的文酒聚会，必交流到半夜才尽欢而散，给他带来久违了的乐趣。

次年八月，内阁中书俸满，秦锡田获得同知衔（知府副职，正五品）任职资格，被分配湖北省去候补。秦锡田匆匆返沪，回家省亲。十月，他就奔赴湖北武昌就职。

此时，被贬职后的秦锡圭还算幸运，先在蕊珠书院读书时的恩师、时任甘肃学政的叶昌炽处为幕僚，襄校试卷。多亏陕甘总督升允（字吉甫）器重其才干，聘入幕府。于是，秦锡圭留在了兰州。光绪三十一年（1905），陕甘总督委托其赴上海购买学堂应用书籍，并考察铜圆行使、纸币制造情况。次年，又委托其办理陕甘总督府文案及土药统捐局文案。后来，兼任官银钱局坐办、赈务局坐办，经理西路提运仓粮事务，还委赴江苏、湖北等省调查商务。随着时局变化，他的案子有了些松动。

光绪二十九年（1903）二月，秦锡田在武昌进入仕学院，专修《万国公法》。半年之后，他担任乡试同考官。担任主试官的太史李翰芬（字守一）与秦锡圭是同榜进士，因此对秦锡田时有照顾。中秋之夜，李太史还特意招他前去黄鹤楼赴宴。而秦锡田心中明白官场自有凶险，因此待人处事十分谨慎，生怕言行不当而惹祸。结果，太平是太平了，但是他在 12 名同考官中逐渐落伍了。

不久,秦锡田受命管理位于武昌城南白云洞花岭的丰备仓,负责米粮发放事务。他将妻子儿女接来团聚,在白云洞下安了家。

初掌米粮处置大权,秦锡田恪守“清、慎、勤”的人生原则,收发分明。每日黎明发谷,傍晚收米,亲自把关,杜绝浮收克减,施赈灾粮时严禁在米中掺水,颇为众人好评。当年十二月,他呈文汇报《上湖北盐巡道继观察论丰备仓发米事》,提出自己的见解,得到赏识。

奔波于城乡之间

光绪三十一年(1905)9月2日,清政府正式下诏,宣布废止科举、兴办学堂。一纸诏书,宣告实行1 300年之久的科举制永远退出了中国的历史舞台。

秦锡田的儿子秦之望、侄儿秦之衔等成为末代生员。

就在这个时刻,返乡奔丧的秦锡田,为了守孝,更为了心头的志向,毅然辞去了在湖北武昌的职位。

他时年44岁,尽管正处于仕途启程之际,也许未来会有更广阔的前景,但是父亲的遗训和眼前的现实,使他终于下定决心,放弃功名仕途,继承父亲遗志,全身心地致力于家乡的地方事业发展。他暗暗立志,要以“穷则独善其身,达则兼济天下”为人生座右铭,彰显了秦氏后人豁达出世的境界与造福天下百姓的宏愿。他在《徐文定公论》一文中表达了自己的主张:“且夫士君子之行事也,大则为天下计,小亦为一乡计,而不可为一身一家之私计,远则为千百世计,近亦为数百年计,而不当为一时之短计。”

已外出闯荡了几年的秦锡田,明白自己不能再死守在陈行镇上,必须与外界保持广泛的接触和联系,才能开阔眼界,适应时局的变化,干一番事业。

当时,浦东还没有公路和汽车,进出陈行地区主要依靠黄浦江上的内河航船,好在塘口和王家渡都有航船码头,离家走近半小时行程,班轮直达城里大达码头,因此乘船到上海城区当天可赶个来回。

时局正在发生明显的变化,一系列社会变革在上海城区进行着,秦锡田

为之感到兴奋。

这一年,李平书、黄炎培等发起成立“浦东同人会”,来自上海城郊的旅沪同好们积极响应。秦锡田被公推为常务监事,因而结识了更多的同好,建立起广泛的人脉。

于是,秦锡田经常性地辗转于陈行、三林和上海城内,亲历一项又一项重大的社会变革。他认真吸纳,得益良多,率先接受新的知识、新的观念。

他正在由传统文人缓慢地转变为新型文人。

幸遇姚文楠

在上海城区,秦锡田有幸遇到了姚文楠。

姚文楠(1857—1934),字子让,生于嘉定南翔。秦锡田与他是光绪二十年(1894)京城会试同考者,早已相熟。此时,姚文楠已是龙门书院名士。光绪二十八年(1902),坐落在文庙附近的敬业书院改为新式学堂,姚文楠被聘为董事。次年,他与李曾珂在南市半段泾捐资创办廿二铺小学。光绪三十一年(1905),龙门书院改为龙门师范学堂,聘请他与李平书为校董。廿二铺小学改为龙门师范学校附小,享誉江浙一带。

秦锡田此时又遇姚文楠,交流甚欢,更觉得彼此志同道合,自然而然地成为最贴心的朋友。姚文楠比秦锡田年长3岁,秦锡田不仅尊其为兄,而且十分赞赏其变革社会的主张,一边跟随其在上海城区奔走呼号,一边在家乡努力实践,推进地方教育。

上海地区历来只有学官而无独立的地方教育行政机构,科举制度废止后,急需设立相应的学务管理机构。于是,姚文楠、秦锡田等带头发起召开“阖邑学务公会大会”。

光绪三十一年(1905)十月,上海教育界“阖邑学务公会大会”在明伦堂召开,划分学区,设立上海县学务公会,以投票方式选举职员,组织成立了上海历史上第一个独立的地方教育行政机构——上海县学务公所。每年逢农历正月初七开大会,四月初八开议员会。劝学所的所有事宜,均经该机构议决。全县设 24 个学区,各联区的正副劝学员,以及各区学董均由选举产生。劝学所的机构设置相当简单,经选举,由姚文楠任上海县学务公会会长,马桥乡的顾言任副会长。十一月,在蕊珠宫珠来阁正式设立学务公所,推举姚文楠任总理兼文案(连三任,后称"总董兼视学员"),顾言任协理兼财政员(连二任)、闵行镇的项文瑞任师范监督(后称"协董、视学员")。

同时,苏松太道袁树勋照会上海诸绅商,组成上海城厢内外总工程局,兴起地方自治运动。姚文楠出任议事会议长。创办务本女塾的吴馨(1873—1919,字畹九,号怀疚)被推选为董事会成员,负责教育卫生事业。秦锡田当初在上海同仁里执教时就认识了吴馨。因此,秦锡田时常前去拜访请教姚文楠、吴馨,从而得到大量信息,使他办事更踏实、有效。

次年四月,上海县学务公所更名为上海县劝学所。经姚文楠推荐,公举秦锡田出任上海县劝学所协董,兼学务审查长。

创办正本女校

光绪三十二年(1906),陈行、三林、杨思三个乡结为联盟,称为"上海县东南乡联区",秦锡田被公举为联区学董。尽管清政府对此并不热心,但秦锡田凭借秦氏家族的名望和自己的胆识,赢得了民心。当他将上海城区的新兴事物大胆地引进家乡时,地方上予以全面支持,各界联手推动办学,气象为之一新。

秦锡田主张加强妇女教育,认为"国民教育始家庭,内则详明著礼经"。于是,他与孔祥里一起,率先在陈行镇上创办女校,而且取名为"正本女校"。"正本清源",意在从根本上加以整顿清理,取此名表达了他们的改革意志。

秦锡田见内弟沈锡光(字彩媚)文笔雅驯、楷法端秀,但沉在商界难有作为,便将他召来执教。

正本女校破天荒地招收了 18 名女学生,虽说其中主要是秦家、胡家、孔家的女眷,但一举轰动浦东地区,令乡人惊奇。

在当时唯有维新派才敢冲破封建观念,做出这样的壮举。它标志着当

地女子第一次步出闺门，有限度地走向社会，开启了女子解放的第一道闸门，动摇了千百年来束缚妇女的封建伦理纲常。

正本女校最初设在秦氏养真堂，后移到孔氏鹤和堂，最终迁入刚建造的胡氏宗祠，交胡祖德经理。胡祖德将女校堂而皇之地设在新建的家族宗祠内，这无疑又是一个壮举。

与此同时，徐绍元在塘口西市也创办了竞新小学堂。后来，秦锡田又创办了题桥小学，胡祖德在家祠内又创办了本立小学，朱绳祖也办起了鹤坡小学。

陈行地区在短时间内兴办起如此众多的学堂，这在宣统元年(1909)的上海县内是首屈一指的。

在秦锡田的推动下，三林镇上他的门生也闻风而动了。不久，赵履信创办润鸿女学，赵履福创办[illegible]溪女学。

学生们读到了商务印书馆出版发行的我国第一套真正现代意义的教科书《最新国文教科书》，实行每周十课时教程。老师开讲国文第一册第一课"天地、日月、山水、土木"。

光绪三十三年(1907)，三林学堂遵循学务部章程，改称为"三林高等小学校"，总教习秦锡田遂改称为校长。

秦家难安宁

秦荣光匆匆离世以后，陈行秦氏养真堂家族失去了一个能顶天立地、可呼风唤雨的主心骨。而作为长子的秦锡田整天四处奔波，忙于公事，疏于家政，以致家属、族人渐有怨言。秦锡圭在兰州供职，历尽磨难，更使老母亲心头不宁，怨声不断。

秦锡田的母亲张维静(1841—1921)，禀性严明，晚参佛理，晨起焚香诵经，无论寒暑从未中断。她先后生养了五男二女，均躬亲乳哺，珍爱逾恒，自幼慈训礼法，善则喜，过则怒。如今女的已出嫁，弱的已夭折，能的已出道。她宁可节衣缩食，始终支持丈夫、儿子舍己为公，而如今心力不足，只求子女个个平安。

光绪三十一年(1905),秦锡圭奉命到上海来采办学堂用品,并考察造纸币方式,得以回乡省亲。

老母亲看到在外受尽磨难的儿子,呵护有加,同时提出子女要抓紧分门立户,互不受累。

秦锡田只得奉老母亲之命,主持分家析产。

秦氏兄弟多,聚在养真堂内难以安顿,他计划自建新屋,但一时没有精力操办,就将自己一家人搬出去,暂时借居在养真堂西侧的诒谷堂,题名"灵兰书屋"。同时,为满足老母亲的心思,让她随秦锡圭去兰州散散心。

这一年入秋时节,秦锡田见长子秦之望(字幼姜,号慰曾)从三林学堂毕业了,便沿袭书院之惯例,资遣他与学堂监学赵履福(字志熙)的长子赵承懿一起赴日本留学,进了早稻田大学。

谁知晓,到了第二年的五月间,秦之望不慎患病,急需提前归国治疗。秦锡田闻讯,急忙拜托好友赵履信专程赶到日本,护送其返沪。可万万没想到,在归途的轮船上,秦之望竟然病情恶化,船上无法救治,悄然身亡。赵履信束手无策,只得将他的尸体藏在被子内,带回了家乡。

秦之望的妻子章以蔺(字相如)是松江名士章士荃(字芷操,号甓庵)之女,毕业于江苏省立第二女子师范,嫁到陈行后任家庭教师。突然失去丈夫,她悲痛之极。

46 岁的秦锡田就此失去了年仅 22 岁的长子,百般无奈,他含泪写下《哭亡儿之望》诗,字字泣血。

城里寻梦

尽管家中难以安宁,心头烦恼不断,但是秦锡田依然为公事四处奔波。他充任上海劝学所学务审查长,要为上海各个学区的办学事宜把关。除了全力推进地方教育事业发展,他对家乡公益依然时时牵挂,连一些小事也倾注心血。他见康道桥已毁损,便发动乡人捐资修缮;见谈氏绮春园的朋寿峰倒卧荒野,慷慨出资请来石工将其重新竖起来。

这一年，秦锡田上书松江府知府戚扬（字升淮），请求放开米禁，取消用护照购米规定，以绝垄断。他提出“根本之计在兴农学，以新法耕植，遣农家子弟留学外国习农科技术，归设农学堂，造就人才，讲求水利，以利灌溉”。

上海滩毕竟是个诱人寻梦的地方，秦锡田与三教九流都有交往，时常寄宿城区，忙碌时数月不回家中。而独身在外，难免感到心头孤单。

光绪三十三年（1907），秦锡田结识了商船老大之女包昭，见其家境贫困，无所依赖，竟然相交生发情缘。抵挡不住朋友相劝，他便同意纳包昭为妾，并就此时常寄宿于她处。

当时，包昭年仅20岁，性厚重，寡言笑，常年以女红自给。后来，包昭迁到陈行镇上居住，虽家有喜宴，市有赛会，她却不会出门观看，坚守妇道。

一年之后，包昭的母亲来到陈行镇，希望分享安逸，结果遭到秦家人的拒绝。谁知晓，这包氏妇人不肯罢休，竟然公开大闹起来，弄得秦氏家族极为尴尬。而包昭眼见就此难以与母亲一起相处，越加烦闷难解，整天泪流满面。等到秦锡田赶回家来调定，为时已晚，僵局无法收场。数月后，包昭病情加重，突然亡故，年仅21岁。

秦锡田为之悲伤地赋诗感叹：“孀姝掌上擎双珠，一珠的历红氍毹。别母远嫁泪沾襦。思母不见殉以躯，凄凉埋玉坟不孤。”“坟旁有树栖慈鸟，朝朝暮暮鸟哺雏。女儿花瘦黄欲枯，益母草心红未苏。对景伤怀负负呼，地下愁魂知也无。”

秦锡田认定自己的命运决不会如此倒霉，友人也相劝其再觅新人。宣统二年（1910）8月11日，恰逢七月初七，他又纳李壬林为妾，自喻“牛郎织女”。当时，李氏居住在上海老西门的梦花街上。这里靠近文庙，虽仅是一条小巷，却有不少客栈，是科举应试者最喜欢的寄宿之地，认定睡在这里可“梦笔生花”。李氏原本也出自名门，至其父家道中落，父母与妹妹去世时，她只得卖屋营葬，寄居邻家，因此处境艰难。秦锡田当初应试时必在此寄宿，与她相熟，如今怜其困苦，便同意纳其为妾。秦锡田生怕再发生意外，索性就此常年侨居在梦花街上。

于是，秦锡田在城区多了一个落脚地，心情逐渐好转。

入冬时节，秦锡田偶尔发觉李壬林身体不适，以为其已经有了身孕，不由心中窃喜。想不到，李壬林非孕乃病，病情逐渐恶化，于翌年农历三月十四日不治而亡，年仅 22 岁。秦锡田惊呆了，连声悲叹："债积成缘，缘结成债，缘债牵缠，贪痴嗔爱，是薄命花，归极乐界，缘尽债清，两无罣碍。"

时年 59 岁的秦锡田并非好色贪淫之辈，可是先后两次纳妾，竟然均如此短命，越加使他烦闷不已。秦锡田还时常梦中与李壬林相会，甚至鬼使神迷般地重游了梦花街，为此连写了《重过梦花有感》《梦亡姬李壬林》等诗作。他不由怀疑自己前世有债未还，以致今生命途如此多舛。

家人与好友为此十分焦虑，多方设法帮其圆梦。

宣统三年（1911）六月，经内弟沈锡光介绍，秦锡田又纳松江县泗泾镇上的张氏（本姓沈，因与秦氏嫡女同姓改张）为妾室，消解忧愁。

创办课勤院

秦锡田返乡后，协同胡祖德为陈行乡民办实事。

他们继承秦荣光注重民生之苦的做法，先推进当地的公益慈善事业，着手在陈行镇上创立"业善堂"。

他们又发现本地区有不少无业游民游荡街头，时常惹事，扰乱地方社会秩序，也被乡人列为"流氓"。当年，秦荣光为此头痛，准备建课勤院，却因经费无着落而无奈，几番主张惩治、打压"流氓"，以维护地方治安。而如今，秦锡田认为这些人员并非恶人，只是因生活贫困所致，主张应把治理地方治安问题放在教育中解决，可以多方筹资，创办一所特殊的学校，将他们都集中起来，组织他们学习各种手工艺技术，"教以一艺，俾谋生计"，解决温饱问题。同时，灌输思想教化之，使之能够掌握生计手段而安于本分。

秦锡田的主张得到了胡祖德、朱绳祖、朱绳武、陈朗清、胡能让等同人的支持，大家共同进行筹划。胡元裳的父亲胡能谱为感激秦锡田教育其子之功，慷慨出资相助。

光绪三十二年（1906）年底，一所新学校在题桥镇南陈朗清的家屋内正

式开学了，取名“题桥课勤院”。

这是一个收容流民并促其改恶从善的地方教育机构，教学内容以“学会勤劳”为重，学员以学习衣工、竹工技艺为主，设有制鞋帽、编篾席、搓绳等项目。

秦锡田还亲自制订章程，对管理、分配等方面都做了具体规定，如进院学徒生产的收益，七成充公费，三成积累在出院时领取。

上海县新任知县王念祖亲临题桥课勤院视察，并赠送“勤求自治”匾额，以资鼓励。

于是，课勤院名声四扬，承办5年之久，前后吸纳陈行以及附近乡的无业游民达480多人。

这里所产竹器被送到江苏物产展览会陈列，获得银质奖牌。

秦锡田为此感言：“余近五年来参与上海慈善事，宜觉此事纯是良心问题，在实在而不在空言，尚实惠而不尚虚誉，宜循序渐进而不可躐等以施，宜实事求是而不可好大喜功，宜持恒心而不可始勤终怠，至于筹款之法，尤宜使人乐输而不可强迫。”

促成浦东中学

时有浦东实业家杨斯盛（1851—1908），字锦春，小名阿毛，川沙青墩人。30岁起独立经营承包建筑，连外滩的江海关也由他承包建造，渐成为沪上营造业巨子。他平素敬贤礼士，时常感慨自身“幼年失学，不获读书”，同情“乡邻子弟失学之苦”，决意“兴教育为救国”。

光绪三十一年（1905），杨斯盛在公共租界梅白克路（今新昌路）创办广明小学、广明师范讲习所之后，见当时上海还没有一所完全中学，就决心在浦东创立一所“私立浦东中学”。

秦锡田闻讯即表示全力支持。这不仅因为他时任三林、陈行、杨思三乡联区学董、浦东同人会常务监事，而且因为他与杨斯盛有特殊的私交关系，他曾在杨家担任过三年家庭教师，杨公曾慷慨资助他捐纳官职，彼此间始终有情义相报的情结。

当时，黄炎培刚从日本归来，闻讯即与秦锡田联手合作，激励杨公，并说动各界全力促成杨公的壮举。

于是，杨斯盛在浦东六里桥购地 30 余亩，起造校舍。他先后捐资二十余万两银子，几乎倾尽全部家产，人称“毁家兴学”。家人、戚友、族党都说他“疯了”，而他在《捐产兴学启》中说：“值此国步维艰，不可终日，听名人言论，必以兴教育为救国第一义。私念仆亦国民也，以区区家产，与其传给子孙，使贤者损志，愚者益过，何如移作兴学，完成我国民一份子之义务，且使子孙与被泽焉。”他顶住重重压力，如期动工。

对于建筑，杨斯盛是行家，他根据黄炎培设计的校舍草图，亲自督工，精心建造。到光绪三十二年（1906）年底，浦东中学校舍在白莲泾六里桥堍全部建成。学校布局古朴典雅，错落有致，中间是可容千人的大礼堂及运动场，东西各建匡字型的两层教学楼，一边是小学，一边是中学。后面是两座饭堂，再后面为风雨操场。杨斯盛以听见学生读书声、歌声、笑声为乐趣，特意将自己的别墅建在校舍北面，与琅琅书声相伴。

翌年 3 月 8 日，浦东中学正式开学。杨斯盛提出“勤朴”两字作为办学宗旨，特聘李平书、秦锡田、黄炎培、姚文楠等为私立浦东中学校董。

私立浦东中学的教学设施堪称一流，所聘办学人才亦为一流。因校风淳朴，师资精良，教规灵验，设施一流而人才辈出。可惜，杨斯盛不幸积劳成疾，于 1908 年 4 月 30 日辞世。临终时遗嘱子孙“不得干预校产校务”，还牵挂教室黑板有些反光，吩咐“校中黑板必须改良”。

自治新政

1909 年 3 月 25 日（宣统元年闰二月初四日），上海县举行咨议局议员初选，秦锡田等 22 人当选。6 月 10 日下午，秦锡田应邀出席上海地方自治研究会在西园为松江府属新议员举行欢迎会。后于松江府复选，姚文楠与秦锡田均当选。

10 月，陈行、三林、杨思三地乡民赴三林塘参加选举，秦锡田和黄炎培当选为江苏省咨议局议员。

时年 30 岁的黄炎培担任了江苏省咨议局常驻议员，因此上海议员到苏州来赴会，主要由他负责接待。

这一年，秦锡田专程赶到北京，以江苏省咨议局议员的身份托人为兄弟的冤情申辩。翌年，经过山西巡抚丁宝铨（字衡甫）的再三努力，由外务部核准，秦锡圭的冤案终于得到昭雪，并官复原职。

宣统三年（1911）十月，江苏省咨议局改为江苏临时省议会，秦锡田继续担任议员，兼学务审查长。

担任省咨议局和临时省议会议员之后，秦锡田对波谲云诡的时局变化更为关心。在《享帚录》中，记载了他的 26 篇议案、意见书和公文，涉及裁撤缉私盐巡、整顿契税、漕政、清查荒田、修治吴淞江等建议案，这些上书体现了一位士人对地方社会的责任心。

在历次议员会议上，秦锡田与老友顾言互相配合，志同道合，共同提出了多项建议案。秦锡田称之"三年咨议局，昕夕快追随"。秦锡田称赞其"长于肆应，明于世故，上交下交绝无枘凿之处"。一次，顾言"曾拟整理公产加增收入，惜独行无助，未竟其志"。秦锡田对此感到十分惋惜。

当时，上海道台蔡乃煌（字伯浩）依靠袁世凯的力量，到任后即盘下《中外日报》，收买沪上舆论。而秦锡田敢于在咨议局公开举报蔡乃煌贩卖地皮给外国人，侵蚀学户之事实，以致蔡乃煌遭弹劾，因此受到议员们的交口赞赏。

针对江苏省在验契（官府调验平民不动产所有权的契据）过程中的流弊，秦锡田明确指出：验契积弊"朝令暮改如国体，剜肉补疮如民生，何且浑言旧契，界说不明，规定处分惩罚尤酷，甚至舍得主新立之契，而验弃主无用之废契，名为限期停止，实则永久留存，本会纵不能拔本塞源，亦当小小补苴，除其流弊……夫人民纳费验契以保障其所有权也，若权已丧失，自无保障之必要，况强迫新得所有权之人，重担弃权者不当尽之义务，于情于法两无可通，应请省长通令各县永远革除"。

租界当局多次要求参与吴淞江水利疏浚工程，借此觊觎中国主权。秦锡田对此明察秋毫,针对上海开浚黄浦河道局(简称“浚浦局”)所为,无情揭露,严正地指出:“吾人所注意者,不仅在修浚之计划,尤在管理之权,浚浦局处心积虑,谋攘吴淞之主权者由来已久,今以升科费为香饵,以包工为罗纲。吾人若用此升科费,是饮鸩止渴,渴止而身死,若允去包工,是开门揖盗,盗入而家亡。吾吴淞江流域之人民,果甘蹈于死且亡也”,“议者谓吴淞江主权早已失去,实去名存”,“以浚江泽宜严拒浚浦局,不用升科费以浚河,则浚浦局之人才、器械皆可利用,是浚浦局之可否包工,当以吾之能否筹款为先决问题”。

这一时期,秦锡田利用自己的社会地位,积极参与地方政务,一方面体现了士人的社会责任感,另一方面使自己获得了更高的声望。

1912 年 8 月,上海县参事会正式成立,设在县公署内。每月开会一次。乡民们又参加了选举,秦锡田当选为上海县参事会七名参事员之一。

故土情怀

秦锡田淡出上海城区之后,或坐定乡里,为学校督造校舍,并先后分别为新建三林陈行杨思三乡公立第一、第二、第四国民小学校写下《新建校舍记》,还撰写了《三乡捐资兴学题名碑》(汪克埙书,立在三林学校内);或躲进书斋,静心辑印父亲的遗作,整理自己的文稿,先后撰写了《重修青龙庵碑记》(徐绍甲书,立塘口青龙庵)、《水木业公所记》(汪克埙书,立在上海福佑桥南)、《胡氏祠堂记》(何维朴书,立于陈行镇市东)。

秦锡田不愿再抛头露面,只是为参加省议事会会议,才赶赴苏州或南京住几天,偶尔会到上海城区走动一下,为地方公益发表几句主张。1914 年 2 月,他上书巡按使请求禁止本地大米出口,以免有害民食。民国六年(1917),他出席省议会,建议剔除验契积弊,忙漕征费不加附税。民国九年(1920)夏季,穆湘瑶与黄炎培、张伯初等发起集资创设上南长途汽车公司,秦锡田购股资助,并出任公司协理。穆湘瑶又联合秦锡田、朱子灏等发起开辟上海、南汇两县县道。翌年,秦锡田力争前护军使何丰林归还强行提去的

县积谷款本息银十四万余元。

1919年1月，秦锡田辑印父亲的《养真堂文抄》，请黄炎培为之撰写序言。

不久，秦锡田的女婿胡德良调任浙江仙居县县长，而会稽道（俗称“宁绍台道”）道尹黄庆澜与秦锡田是挚友。因此，秦锡田专程携婿赴任，顺便去探望黄庆澜。黄庆澜果然不忘友情，欣然陪他游览南峰山、汤公洞等名胜古迹。返沪途中，秦锡田还游览了杭州西湖，专程凭吊了“鉴湖女侠”秋瑾之墓，并赋诗留念。

然后，在这次出游途中，秦锡田眼望异乡山水，心中却不由惦念着故土的风貌，一路上他写下了一首又一首棹歌体（船工鼓棹而歌的歌谣）的记事诗，共计竟有247首。他每日写数首，沉浸在家乡的人文历史中，以摆脱时局动荡而引发的烦恼。回来后，汇编成《周浦塘棹歌》，以描写地方风土人情为主，内容分源流、水利、津梁、政令、风俗、时令、物产、塘口掌故和陈行掌故等6个部分。其中，陈行掌故最多，达77首，其次是物产47首，还有政令（时事）35首，风俗34首，其他10首。这些洋溢着赤子之情的诗歌，成为后人研究浦东历史文化的宝贵资料。

民国九年（1920）正月，秦锡田为老母亲操办80岁寿庆，秦锡圭为此特意从广州赶回家乡。寿庆办得红红火火，四方贤士送来祝寿的屏联诗画有200多幅，秦氏养真堂内外再一次喜气洋洋。

然而，自6月起，老母亲突然染上了大病，经名医诊治，方才脱险。

为了照料病中的老母亲，秦锡田不便再出门，留在家中避暑，静心休养。守在母亲身边，他不由回忆起自己的童年、少年生活，人生路上相识的导师、亲属、同学、挚友一个又一个来到眼前。他逐一加以点评，为其吟咏联句。数月后，他竟然汇辑出一册《怀旧吟》，其“一百二十首，冠以师门，次以父执及戚族之长者，其余交友以论交之先后为次，而及门之弟子”。这120人中绝大多数为功名士人，据统计：拥有科名的有进士15名、举人29名、生员52名，其中亦有后生新学之士10名，其他14名科名不详（多从商、公益事业或塾师）。如此广泛的交际是秦荣光、秦锡田保持其十人身份的重要纽带。

拖了一年，老母亲病情复发，医药无效，辞世而走。

而秦锡田的怀旧情结越来越浓烈。

潜心修志

从地方政治的旋涡中隐退出来的秦锡田，逐渐将主要精力投于地方史志的编修工作。为此，他特意将字号改为“适庵”，别署“信天翁”。

秦锡田对水利向有研究，民国四年（1915）江南水利局聘其为顾问，次年江南水利协会聘其为研究员。民国九年（1920），他与老友姚文楠应邀住在苏州拙政园，静心修志。当年九月，他俩纂修的《民国江南水利志》十卷成书出版，后又辑《河工志》五卷。当时，孔祥百在江苏省立第一师范（今苏州中学前身）执教，秦锡田与他利用闲暇时间遍游吴地名胜，倍觉心情愉快。

秦锡田继承家学，一向重视地方文史的考证和传播。因此，早在民国三年（1914），上海县修志局就安排由吴馨修、姚文楠主纂《上海县续志》，并特聘秦锡田分纂水道志、艺文志、名宦志和交通志。为了能够潜心修志，秦锡田离家在上海城区也是园中居住了三年，并四处实地走访，为修志局提供采访稿近万字，最终促成了记载上海县清朝历史的《上海县续志》的问世。

1923 年 8 月，南汇县建修志机构，特邀秦锡田前去与严韦一起修纂《南汇县续志》。就此，秦锡田连续数年闭门谢客，埋头修志。后来，因有要事，他只得停了 3 年，至 1929 年 9 月，《南汇县续志》终于完稿付印。秦锡田在志书序言中，总结了这些年来修志的体会，强调修志必须重视采访员工作。

1924 年 9 月，上海县议事会决定修订民国《上海县志》。次年由姚文楠编定纲目，约人分纂。可是，书稿未竣姚文楠就因病逝世了。又因上海特别市成立，县志需要改定体例。

因此，自 1931 年 7 月起，年已 70 岁的秦锡田应邀接替姚文楠，负责总阅民国《上海县志》全书，促成完稿。

经过 4 年努力，记述民国元年至十二年上海县地方史实的民国《上海县志》二十卷终于修成付印。秦锡田在志书序言中，自谦“余亦邪老，惮于检阅”，没有自吹自擂。

前后 20 年间，秦锡田参与修纂三部县志，为上海地方史志编写工作做出了难能可贵的贡献，实属罕见，其影响深远。

又被推上前台

历来时势不由人，本想静心守望家园的秦锡田还是被上海城区的老友们请出书斋，推上上海社会公共事务管理机构的前台。

1921 年 10 月，秦锡田刚刚安葬好 7 月 30 日病故的老母，想在陈行镇上静心修养之际，却传来消息，他被公推接任上海县地方公款公产管理处总董。他考虑再三，难以推却故旧挚友们的厚望，同意进城就职，继续为上海地方公共事务办点实事。

秦锡田一上任，就面临要负责筹备清丈上海县境内田地的事务。当时，众多上海地方士绅认为，“本县田地自咸丰五年清粮以还六十余年，浦滨坍涨，租界变迁。今昔形势久已不同，且粮与地不尽合，单与地不尽符，移罩朦混，百弊丛生，厘正经界，实为要务”。因此，上海县地方公款公产管理处董事会议决设立清丈筹备处，公推姚文楠为筹备主任。次年五月，上海县知事正式函聘姚文楠为筹备主任，并聘秦锡田、沈周（字步瀛）为副主任，筹备处即拟订《清丈局章程十八条》《清丈规程八十条》《公断处规程二十条》，确定丈费每亩三角二分。

1924 年 3 月，江苏省公署批上海举办清丈事出民应即照准。清丈筹备会即选姚文楠为总董，秦锡田、刘增祥、胡人凤、黄申锡为董事。4 月，田地清丈事务在上海城乡推开后，情况复杂，纠革频发。秦锡田为之消耗了大量精力。

而此时秦锡圭偏偏在家病故，作为兄长的秦锡田急忙回家主持料理其后事。接连几个月，他只得浦东浦西两头奔波。

直到1927年6月，因上海改称特别市，各乡清丈事务遂告停顿，秦锡田也松了一口气。

其间，在秦锡田的主持下，三林学校建造了建校二十周年纪念堂。他还筹款修缮了位于河南路桥的“天后宫”（又名“天妃宫”），并从公共租界收回其产权，设立县立第三小学。他会同上海地方人士依据《辛丑条约》，向外交部呈文，反对外国工程师利用濬浦局开挖铜沙。他集合各乡乡董，向江苏省省长呈文，要求收回被濬浦局擅收的滩地，并要求广浚黄浦江两岸支港，保护农田。各乡乡董请他出面，反对当局为组建“马队巡查”队伍而摊派相关费用的举措。

秉公讨债

秦锡田一向恪守“清、慎、勤”的原则，接任上海县地方公款公产管理处总董之后，亲自对地方经费收支管理严格把关。他坚持主张地方公款公产是“市乡汗血之资，不容丝毫滥费”，无论谁都休想违规动用。为此，他曾冲撞军阀，险遭不测。

1924年9月3日，盘踞江苏的直系军阀齐燮元，为夺取浙江皖系军阀卢永祥控制的上海地区，爆发了“齐卢之战”（又称“江浙战争”）。双方打得不可开交，以致水路旱路受阻，人潮蜂拥而至，冲进上海滩。战祸波及上海县境内，百姓深受其害。

9月21日，时任浙卢联军第一军总司令的是淞沪护军使何丰林（字茂如），他匆匆来到上海县地方公款公产管理处，竟然要强行提借上海地方公款。

秦锡田秉公守职，严词拒绝。

何丰林恼羞成怒，公然动用武力，赶到款产管理处拘押了副主任沈周。幸亏秦锡田闻讯避到浦东，方才躲过军阀毒手。

结果，何丰林强行取走上海地方公款银洋十万六千二百元，只留下一纸“护军使令”。

秦锡田忧愤交加，患上了湿温症，10 月 15 日被送进上海医院，经秦伯未及其尊师丁甘仁等会诊医治，直至 27 日病退，到 11 月 16 日才能起坐，但两足乏力，不能行走。

经过如此一番折腾，秦锡田感觉恍若过了一次鬼门关，只觉得大悟大彻，胆气反而变大了。他特意赋诗《病室杂述》，还自号“更生”。他还给秦伯未写了几首《示从侄伯未》，希望以魏末晋初“竹林七贤”之一阮籍为楷模，奋发创业。其中吟道：“吾祖平生度量宽，不将旧怨间新欢。问心在我能无愧，唾面由人任自干。懿行传家成矩矱，后昆奕叶尽芝兰。竹林小阮尤勤学，莫忘当年创业难。”

对于何丰林强行取款之事，秦锡田不甘罢休，决意拼死也要紧追不放。等战事平息，他专程赶到南京，向江苏省公署追讨这笔款项，总算订立合同，确认“在上海兵工厂变价项下归还”。秦锡田生怕日后变故，严密保存护军使令文及相关合同，并将此事载入民国《上海县志》，特意点明“截至十七年六月底止，应加息洋四万零六百零七元五角九分”，“此项令文及合同均经公款公产处保存，迄未结束，此为阖邑人士所群感不满者也”。

后来，这笔款项终于收回，而且利息照算。秦锡田不屈不挠的精神，被上海各界尊敬而传为佳话。

重修城隍庙

民国十三年（1924）农历七月十五，上海城隍庙举办中元节巡会。时近正午神像出庙后，忽报有人碰翻烛台，酿成霍光殿大火。

上海各界纷纷谴责管理庙宇的住持道士，而住持道士虽想抓紧灾后重建，但是已失去民心，陷入了困境。

作为“上海县城隍”秦裕伯的后代，秦锡田为此焦虑万分。他尽管大病初愈，还是决意出面干预，设法改变局面。

经多方协商，事情终于有了转机。1926 年 2 月 5 日，由秦锡田、叶惠钧、黄金荣等自行组成“邑庙董事会”，出面管理上海城隍庙，撤销原来由住持道士管理庙宇的传统制度。秦锡田被公推为董事会董事长,发动捐资,启动重建工程。

城隍庙在重建,而上海滩也开启了一段风云激荡的特殊岁月。北伐军攻占上海后,国共两党合作破裂,时局一片混乱。

1927 年 11 月,重建的城隍庙终于竣工,建筑全部采用钢骨水泥,“殿高四丈八尺,深六丈三尺三寸,以水泥为材料,不用一砖一木,而彩掾画栋、翠瓦朱檐,仍沾古神庙之仪制”。

上海城隍庙重新开门迎客,秦锡田也因此被上海各界颂扬一时。

力推慈善教育

当时,因天灾频繁,形成流民潮。花花绿绿的上海滩被称作“冒险家的乐园”。同时各地乞食流民大批涌进上海滩,乞丐队伍不断膨胀,甚至形成了一些丐帮组织。对此,政府束手无措,警方管理粗暴,市民怨声载道,游民度日如年,地方治安混乱,成为日趋严峻的社会问题。

秦锡田早年在家乡成功创办题桥课勤院,积累了丰富的实践经验。面对上海滩的现实问题,他秉持“教以一艺,俾谋生计”的理念,一再呼吁开展社会救助,大力推进慈善教育,切实解决令人头痛的游民问题。

上海地方各公团合力筹建了乞丐教养院。1927 年 1 月,秦锡田被公推为上海乞丐教养院董事会董事。4 月,上海成立慈善团体联合会。不久,上海乞丐教养院改组为上海游民习勤所,秦锡田被公推为董事会董事长。

为筹办上海游民习勤所,秦锡田在漕河泾镇北侧购地九十八亩,建屋近百间,同时可容纳 500 人。1928 年 4 月,新屋建成,开始收容游民。在秦锡田的主持下,游民习勤所开设了印刷科、缝纫科、制鞋科、糊盒科、编帽科等作坊,形成产业规模,并注重改良管理方式,教养成效明显提升,社会影响巨大。这里收容、教化游民和乞丐的人数逐年扩大,至 1936 年达到 800 余人,成为民国时期上海规模最大、最正规的民间游民教养和习艺组织。

1929年8月,私立三林学校建立校董会、公立上海医院改组董事会,均推举秦锡田为主席。

当年9月,秦锡田又被上海慈善团聘为普益习艺所主任。这里留养街头流浪儿童及贫家子弟,为了注重以手艺教养之,特聘面塑艺人潘树华等一批高手担任技师,分设木工、铁工、塑真(泥塑)等科。后来,不少习艺所学员以高超的手艺踏上社会谋生自立,有的还成为工艺大师。

1929年12月,秦锡田出任上海慈善团体联合会常务董事,并兼任同仁辅元堂主任,成为上海慈善教育机构的领头人之一。

秦锡田主持同仁辅元堂之后,实心办实事,除继续办理养老、恤寡、育婴、济贫、施衣、施棺、义学、救生、水龙(消防)等社会公益事业外,还扩大慈善救助的范围,增设验尸、收买淫书、清除垃圾、安装路灯、修路筑桥等内容,广泛参与社会活动。每年逢端午及中秋节,这里都会举办施医给药活动,曹颖甫、丁甘仁、秦伯未等众多中医名师经常前去坐堂问诊,无偿为患者诊疗。同仁辅元堂的善举,深受社会好评,也得到了慈善团董事会和上海当局的肯定。

齐卢之战结束后成立的上海市乡行政联合会(主席李平书),每月都要在同仁辅元堂召开会议,协调市乡政务,秦锡田每次都被邀出席,他与市郊乡贤们的关系更加密切了。

秦锡田已年近七十,在当时上海滩的士绅阶层中属于德高望重的长辈,因此一再获推崇,负责掌管上海民间慈善公益组织的具体事务。秦锡田难以推却,头衔越积越多,陷入了忙不完的事务和推不开的矛盾之中。

修造秦氏宗祠

那几年,秦锡田常住在城内也是园中的公款公产管理处用房内,难得回到陈行镇上去居住。每次归家,他总觉得“忽忽春过半,倦游客到家。绿杨新放叶,红药嫩抽芽。风定炊烟直,天低日落斜。苦吟诗未就,汲水自煎茶”。不论走到哪里,对陈行风光的记忆时常会涌上心头,尤其难忘镇西武庙中的那两棵梓树，还曾自署“双梓村人”。他身在也是园，心在故乡游，挥笔撰成《梓乡十六景》，描绘少年时的钓游胜趣，寄托思乡之情。

秦锡田身边有小妾张氏相随，相互少不了有些磕碰。他告诫：“汝来侍我十七载，怜汝勤劳惜汝衰。儿女双双看长大，米盐一一费操持。听言莫被谗谀误，处事须加慎密思。唯有安贫能养福，豆羹麦饭味如饴。”

而更令秦锡田真正牵挂的，则是陈行秦氏家族的现状。

秦锡田具有传统的宗族观念，认为族内有家，但宗族是家庭的联合体，是维系社会结构的纽带。陈行秦氏已传世十三代，历时400多年，却未有宗祠，父亲秦荣光曾筹办此事，可惜终未有结果。而同宗的闸港秦氏已建“绥禄堂”，九团秦氏已建“繁祉堂”，陈行秦氏显得落伍了。

作为陈行秦氏家族的长房长孙，又是“大老爷”，秦锡田对以养真堂、诒谷堂、玉涵堂子弟为主的家族业绩并不满足，反而感到自己的家族正在日趋衰落，因此决意要重整旗鼓，希望通过修造秦氏宗祠来祭拜祖先，加强家族的凝聚力。

三弟秦锡芝（字葭春）留学日本归来后，一直在学校执教。民国十三年（1924）八月，他被公推为陈行乡议事会副议长。

这一年冬天，秦锡田在陈行镇东首购地备下基址。次年3月，由秦锡芝主持，秦氏宗祠正式动工建造。奔忙了四个月，至7月份终于建成祠屋五楹及两间厢房，前绕墙垣，杂莳花木，其中大堂造得十分气派，可同时容纳800多人。这祠屋，定名为“秩祐堂”，特请时任上海市临时参议会秘书长的陈公瑶（字陶遗，号道一）题匾。堂柱悬联有国会参议院议员沈惟贤（字思齐，晚号逋翁、逋居士，华亭人）、中华民国教育部佥事沈彭年（字商耆，青浦人）、以诗文书法三绝而名噪江南的方还（字唯一）等名家之作。

当年10月，陈行秦氏家族在秩祐堂隆重举行首次祭礼。

从此，每年举行春、秋两次祭祀。为此，秦锡田特作《陈行秦氏宗祠记》，称：“和气致祥，乖气致戾，治乱兴亡之几，皆伏于家庭骨肉之际。愿我族人，相亲相爱，相依相辅，毋忝前人，毋隳先业，斯则我祖我父建祠之微旨也。”

秦氏宗祠建造后，秦锡田认真订立了祭礼仪规，期望子孙延续，其中对秦氏宗祠神主入祠规则做了详细规定。然而，时代变了，他的想法拘泥守旧，不切实际，他时常感到自己已是“不合时宜之废物”。

人到七十

自民国十八年(1929)起，秦锡田、胡祖德、孔祥百等相继踏上“七十大寿”的人生台阶。“人到七十古来稀”，怀旧的念头自然而然地占满了他们的心头。平日他们分居在城乡，此时却不约而同地撰写《七十自述》，自我检阅人生道路和心路历程，并互相邮寄彼此题写的祝寿诗词，回顾往事，倾诉情谊，叙谈夙愿，检讨遗憾。

秦锡田的小儿子“阿苟”如今快到10岁了，每日里奔奔跳跳，时而诵诗声琅琅，时而舞剑气赳赳。秦锡田深感心满意足，心态变得极为平和，为儿子庆10岁生日之际，不由赋诗感叹自己对未来的人生追求：“吾身清白守家声，逃出名场与利薮。地棘天荆行路难，闭门书自研蝌蚪。原儿抗志希圣贤，勿慕金章青紫绶。人生天爵最清高，何必蝇营与狗苟。寒素传家贫亦乐，微沾铜臭即含垢。守身如玉口如瓶，道义切磋求益友。我有近市屋三椽，屋畔薄田五六亩。田可耕兮屋可居，青毡旧物须常守。待儿弱冠赋宜家，娶得布衣椎髻妇。偕隐田间志趣同，一耕一馌成佳偶。秋菘春韭味流甘，马磨牛医交耐久。五夜机声灯火荧，三余书味醇醪厚。与世无争物无竞，逍遥尘外松乔寿。家庭雍睦我愿足，北窗高卧傲五柳。盼儿生子子生孙，安然我作鸡窠叟。”

1930年3月，亲友和同人给秦锡田祝寿，并集资编印其诗文集。秦锡田坚拒不允，但款已集成，却之不得。至9月，他的诗文集编成，定名为《享帚录》(文三卷、诗一卷、周浦塘棹歌一卷、怀旧吟一卷、征诗杂咏一卷、七十自述一卷)。“享帚”语出《东观汉记·光武帝纪》：“家有敝帚，享之千金。”比喻物虽微劣，而自视为宝。翌年，《享帚录》印出发行。

6月，仍担任私立三林小学校董会主席的秦锡田，全力推动时任校长的丁甘仁开办中学部，定位为私立三林职业中学(翌年改称“三林初级商科职业学校”）。建造校舍时，他捐资建造了大门甬道，因而此道被命名为“适庵路”。9月10日，三林职业中学开学。11月2日起，学生们搬进新校舍上课。

年底，为纪念秦荣光九十诞辰，秦锡田恭敬地将《显考温毅府君年谱》交付刊印。这本年谱经“秦锡田谨述，孔祥百填讳”，秦翰才校刊，终于问世了。一起刊印的还有秦荣光生前所著《补〈晋书〉艺文志》等。

民国二十年（1931），秦锡田出面与上海县教育局达成协议，终于解决了三林学校在豫园的产权纠葛。

当年7月1日，秦锡田总算卸脱担任了11年的上海县公款公产管理处主任之职，心情轻松了许多，特赋诗感叹：“手操全县度支权，四届瓜期四展延。只恨华年如水逝，敢夸介节似冰坚。枯棋一角还留劫，重担千金却卸肩。多谢邻翁贻好句，雪泥鸿爪记因缘。”写完诗句后，他意犹未尽，挥笔又续成一首律诗：“人生欲壑最难填，刮尽民间血汗钱。入海毒龙才敛吻，出山饿虎又垂涎。个中甘苦都当遍，事后思量总惘然。今日脱离尘网去，丹心上可质苍天。”

年近八十

1935年2月，秦锡田的妻儿特地从陈行镇上进上海中心城区一游，秦锡田与他们合影留念，并在照片背后题了一首诗，吐露自己的心声：“无端小病示维摩，总为闲愁闲恨多。妆阁日斜还偃卧，婿乡风暖好经过。药炉经卷寻生计，铁板铜琵听旧歌。十月江城游已倦，好寻归棹泛烟波。手爇心香篆袅烟，不将愁绪诉苍天。为儿觅媳萦怀切，看女生孙入抱怜。默数驹光将八秩，重温鸳牒待三年。镜前一瞥留双影，珍重题诗写锦笺。”

年近80，秦锡田心境不佳，寡言少语，时而作《伤春词》，时而作《悲秋词》，寄托情感。唯有定期到八仙桥青年会去参加“江浙同乡聚餐会”，或赴马相伯在沪寓所参加丙子同庚会举办的花甲同乐“千龄宴”活动时，他才欢笑如初。

某日，秦锡田再次相邀上海县籍的甲社好友聚会叙旧。私立三林中学

校长丁仁科当场作了一幅充满活力的《甲社图》。当过外交官的原吴县县长黄蕴深生性乐观，不禁吟诗抒怀，再现青年时代的风采。秦锡田深受感触，随之即席纵情吟唱："真率会赓续，申江选胜流。月华三五满，酒价十千酬。少长欣咸集，园林乐共游。帖临争座位，传补醉乡侯。樱笋厨开夏，莼鲈羹煮秋。解馋忙下箸，赌饮笑藏钩。拇战猛逾虎，觞飞捷如猴。哄堂缨屡绝，键户辖先投。瓶罄仆俱倦，灯残客尚留。眼花刚酩酊，情话愈绸缪。烟水图成米，云峰诗拟刘。玉山我颓矣，拍手唱渔讴。"这一群老友，一起回到了遥远且难忘的童年时代，快乐得几乎忘形了。

一天，家人通报，说有高官前来家访。秦锡田忙起身相迎，来者竟然是民国风云人物曹汝霖。此时，曹汝霖也已 60 岁出头了，这次来到上海，不由怀念起少年时代的启蒙老师，特意上门来拜访秦锡田。

曹汝霖见到秦锡田，就上前下拜。秦锡田急忙还拜，今非昔比，"盖不以弟子目之"。

眼看抗日战争已经爆发，秦锡田自然关切时局变化，询问其今后去向。曹汝霖则表示要以"晚节挽回前誉之失"，不会再做傻事。

秦锡田欣然一笑，未做评价。曹汝霖见礼节已到，便告辞而别。

秦锡田望着远去的曹汝霖背影，默默地在家门口站立了很久很久。

秦锡田快乐时似顽童，忧愁时如怨妇，旁人则难以理解，唯有他自己明白。

噩耗惊魂

民国二十六年(1937)"八一三事变"后，侵华日军的炮火打破了秦锡田晚年的平静。苦心建立的教育和慈善事业一一被毁，使秦锡田的身心遭受重创。

上海慈善团及同仁辅元堂、普益习艺所等遭到日军飞机轰炸，损失惨重，秦锡田的私人财物大多随之被毁。他只得将同仁辅元堂迁至原法租界内八仙桥(后又迁到宁波路)办公，将普益习艺所迁至新闸路。

不久,在漕河泾的游民习勤所被迫停办,房屋全部被日本军机炸毁。

在日军飞机持续轰炸下,街头万人尸骸狼藉。秦锡田安排同仁辅元堂组织临时掩埋队上街收尸,分批掩埋。他为《同仁辅元堂临时掩埋队报告册》撰写序言,深情感叹:“救死亡仁也,冒危险勇也,同心协助义也,当机立断智也,有此四德,功何往而不立,事何往而不成哉。余喜诸善士之慷慨乐输,诸董之热心公益,与诸君之协力赞助,以相与有成也。爰述其言,以为任事者勖。”

1938 年 3 月,以秦锡田为首的上海城郊十县名士联名致函上海国际救济会,反映当地农作物受灾情况,请求救济春耕,信中写道:“大兵之后,必有凶年,历史皆然,于今为烈。自去秋战事勃发,江浙一带,膏腴之地,尽成焦土,阡陌尽废,庐舍为墟,牛具种籽之属荡然无存。”4 月 1 日,秦锡田等应邀赴上海国际救济会,研究救济春耕方案。

令秦锡田大为吃惊的是,这一年的春夏时节,侵华日军占据了陈行镇。日伪军警横行乡间,他亲手建造的敬简堂宅院被占据,暂存家中的为上海博物馆“东南文献展览会”所征集的文物全部流失。不久,矗立在西园内的秦荣光铜像被日军损毁。

秦锡田还得知,同乡好友孔祥百因日寇横行,乡居不宁,含恨去世。他含悲接连撰写了《三林校友会祭孔志怡先生文》《仁社祭孔志怡君文》和《上海县茂才孔府君家传》,文中开头便呼号:“天祸神州有瓦土崩之势,人栖孤岛在水深火热之中,听杜宇而催归,望梓乡而饮泣。”“先生生而为英,死而为灵,其乘龙驭凤归蓬瀛乎,其排空御气上玉京乎!”他对好友的思念之情绵绵不绝。

不久,秦锡田又得知,守在陈行镇上的好友胡祖德也已经身心不爽,便急忙吩咐将其接到市区来避难。

胡祖德躲进市区后,终日以著述自娱,心情好转。谁知道,到了民国二十八年(1939)正月,他忽感微疾,自知将难以康复,便邀其内弟朱绳武(字敏侯)处理家事。春夏之交时节,胡祖德拖着病体返回陈行镇上,想最后一次看看故土的一草一木,却未曾如愿就病逝于祖屋内,卒年 79 岁。

民国二十八年(1939)春,正在长沙的次子秦浩(原名之泉)传来结婚的喜讯。因战火相隔,秦锡田难以到场,儿子久而不归,他越加心绪不佳。为了安抚,家人请他的好友吴湖帆为他画了一幅《招鹤图》。

入冬时,秦浩终于回来了,外孙张守成又为秦锡田画了一幅《鹤归图》。他的心境顿时好转,欣然挥笔作《自题鹤归图》,对儿子的婚事赞美一番后,叹曰:"云路三千兮振翼速,今岁故乡五谷熟,饱鱼虾兮友麋鹿,飞鸣上下兮故乡乐。感扬州之梦觉兮寻陆机之芳躅,屏华轩而勿御兮守寒梅之清馥。衔得仙寿添海屋,千春万岁兮为君祝。"

匆匆离世

民国二十八年(1939)三月二十六日(5 月 15 日),闵行镇的老友黄蕴深、黄申锡、黄艺锡等又邀秦锡田到酒楼叙饮。秦锡田当场赋诗叹云:"垂老投孤岛,相邀上酒楼。精神都矍铄,情话转绸缪。莫惜春归去,翻愁客滞留。加餐各努力,伫看复神州。"

不久,亲友们在福州路万利酒楼设宴,预祝秦锡田 80 寿庆愉快。而秦锡田心绪依旧不宁。

民国二十九年(1940)年初,因战争无奈离开故乡,蜗居在城区斗室中的秦锡田写下《孤岛吟》,叹云:"春申江水咽寒潮,江上烟尘障九霄。远望当归歌当哭,客中情况总无聊。""不信神州竟陆沉,风声鹤唳日惊心。辟雍钟鼓成灰烬,一任鸱鸮集泮林。""故乡咫尺即天涯,胡越翻能作一家。只是局天还蹐地,任人摧折自由花。"

儿子秦之泉从上海美术专科学校图案系毕业,秦锡田甚感欣慰。

3 月 13 日,秦锡田应邀为李右之所辑《上海闵行李氏易园三代清芬集》撰写了序言。

当晚,秦锡田觉得气喘不适,家人慌忙请秦伯未赶来诊治。谁知,病情转眼加剧,又急请名医姜振勋、夏慎初过来会诊,确诊为急性肺炎。

第二天,他被送进丁香花园汪企张疗养院救治,病情仍不见好转。

3 月 16 日(农历二月初八)上午,家人又请中医名家徐尚志(字相任)来诊视。至中午十一时,抢救无效,秦锡田带着无限的愁思匆匆离世,卒年 80 岁。

徐尚志医师沉重地说:“十天前,我遇到先生,见他脸色不佳,想为他诊治,便问其安否?先生笑着却之,回家还以为笑谈。想不到,仅仅三天,先生就……走了。”

家人从书桌边发现了《上海闵行李氏易园三代清芬集序》,将这篇秦锡田的绝笔之作交给李右之,他感慨万千,当即写下一首怀旧诗:“父执忘年交莫逆,志书县会两相随。每逢甲社微醺后,愤世忧时悉屏之。”

三天后,在斜土路上海殡仪馆举行大殓。秦锡田灵柩寄放在国泰殡仪馆。

秦锡田著作

一段街路的故事

如今，陈行老街已基本消逝，唯有在市中沿街胡氏三寿堂宅院、秦氏玉涵堂宅院、胡信义商号宅院和秦伯未故居宅院原有建筑幸存，并被列为闵行区文物保护点。近日细读胡祖德1934年撰写的《陈行典当码头街路记》，发现这段数十米长的街路所蕴藏的历史记忆极为丰富，可视为陈行老街近代风貌的缩影。

典当码头底气足

这段街路原先以拥有16级踏步的典当码头而享誉四乡。典当号名为“大和”，老板来自苏州洞庭山席氏家族。大和典当在周浦塘畔设下如此排场的专用码头，不仅是为了显示财大气粗，更是为了显示其为本乡赢得的特殊地位。据《陈行乡土志》记载：清雍正年间，周浦塘是运送漕粮的干道，运粮官船为了省力，遇到跨塘木桥不肯放下桅杆，而是随意拨开一段桥面窜过去，过后又不再想恢复桥面，以致造成“断桥”，令当地人吃足苦头。说来也巧，大和典当的老板有个习惯，每当想出恭（大便）时，都要跨过大桥，赶到塘南去方便，而等他回过头时，经常会遭遇“断桥”，为此他极为恼火，直接向正在当朝户部为官的汪文瑞（安徽休宁人）告了状。汪文瑞竟然也小题大做，以户部名义核准典当老板的请求，还特派武弁手持令箭来到周浦塘畔，当众责令过往粮船一概放倒桅杆方可经过大桥。为了确保这一规矩长期有效，雍正十三年（1735）陈行人郑重其事地在大桥桥堍立起一块《宪颁粮艘眠桅过桥碑》，以壮胆气。秦荣光有诗云：

第一眠桅大木桥，宪颁碑勒世宗朝。
主持幸杖休宁相，铁案如山屹不摇。

大和典当财大气粗，自然也树大招风。咸丰年间，浦东地区“百龙党人”造反，围攻大和典当。当时的典当老板席庆裕（名承粮）吓得逃回苏州洞庭山，不久因路远难照管，将典当贱卖给了本镇秀才秦绣彝（字蕉雨）。而秦绣彝从文，又不熟悉典当业，将房产改作他用，而典当码头成了秦氏商用船埠。

数易其主终归公

光绪中期，秦绣彝故世后，其夫人将典当物业转售秦家兄弟秦绣平（字东玙，号冬余）。后来，秦绣平将典当老屋转售给胡信义米行。

光绪二十八年（1902），秦再增（字杏坪）以自己住宅与码头昆连，并执有同号粮串（官府所发缴纳钱粮的收据）为由，要在码头空地上建屋。秦绣平怒而将其捣毁，并当众立契，将码头（注明十六图三百八号田额一分）作为捐款交给“政一堂公所”，使其成为市中大木桥的互补用地。

光绪三十一年（1905）十二月，秦绣平去世。秦再增坚持己见，趁机在空地上重新起楼，出租收息。乡人对此举侧目相待，但碍于情面，一时无语。

民国十一年（1922），秦再增以需款急用，求售此楼。乡人皆知这里已属公地，无人敢购。昔日码头数易其主，产生公地私产之争，引发社会治理的公众话题，自然成了乡政大事。为此，时任陈行乡经董的秦锡祺（字寿农，号庸庵）据理力争，最终不得已以作价二百五十元将此楼购入公所。

从此，这段街路日益繁荣，市廛栉比，寸土寸金。独有这块“空地”素面

朝天，由政一堂公所主持凿义井，设公场，众人洗濯，客船停泊，成为镇上水陆交通的咽喉。

公益还得靠公众

随着镇上商贸的发展，这段街路的基础设施日趋破落，尤其是下塘各户人家阴沟闭塞，每遇暴雨，积水盈街，人稠路狭，叫苦连天。乡人呼吁开沟泄水，整治街路。

民国十三年(1924)夏季，秦锡田等乡绅听取民意，集资银百元，组织力量，启动排水工程。因码头居全镇中心，以此起点东自聚星桥，西至度民桥，动工掘地，深1米，阔约0.3米，安排三路出水，中途砌5处阴井，以便随时启淘淀淤，路面均盖上方砖，市政面貌随之焕然一新。

此后10年间，因小车盛行，街面方砖损坏严重。于是，乡人集资在阴沟

陈行老街

上面统铺石板地，历时 5 月，费银千元。同时，乡人集议决定以抽月捐的方式，雇佣专人打扫街路，凡暴雨新晴，立即清除浮泥，以免壅塞。

众手用力，公益经久。陈行人便以这段街路的模式，陆续将东方场至胡氏宗祠，西方场至关帝庙，长约 330 米的街路全部建成石板地，从此，陈行老街令人刮目相看。

胡祖德造桥

胡祖德是落户陈行镇的徽商胡少刚的十世孙。父亲胡汝璋生性太忠厚,20岁开始独立经商,轻易出资托人进货,结果出师即败,资金损尽,就此他认定商海无情,拒绝再涉足。38岁时,妻子去世,小儿子夭亡,伤心至极。胡祖德陪伴鳏居的父亲一头扎进了书堆,于光绪九年(1883)成为补县学博士弟子。

胡祖德外柔内刚,多谋善断,秉性俭啬,善于计算,长期随秦荣光为地方公益而奔波。

营造度民桥

清宣统三年(1911)二月,秦锡田担任陈行乡议事会议长,推举胡祖德出任乡董。乡议事会决定改建镇中市桥。

陈行镇市中心的木桥,俗称"大桥"。木桥横跨周浦塘,又高又长。自明万历年起,因木头易腐朽,几年必大修,数十年需翻造,一修就耗资千金,实为一大漏卮。不修又不行,桥高过屋檐,登上桥顶,脚下桥摇,桥上人晃,这累卵之势令人心惊肉跳,到了风雨之夜,更苦了过桥人。在道光、咸丰年间,两次想筹款翻造,都因资金不足而作罢。在同治年初,终于重建了木桥,可惜仍不坚固,没几年又摇摇晃晃了。胡祖德暗下决心,为一劳永逸,要将木桥改为石桥。他便与秦锡田等好友们一起发动筹款,镇上所有商店、摊贩也积极响应,每月主动捐款。人们捐了两年多,胡祖德一算,仍只有所需资金的五分之一。

大家都感到为难了,想另做规划,但胡祖德不甘心,主张除继续发动本镇商界捐款外,还应到乡村去,到邻乡、邻县去筹集捐款。于是,他与好友们四处奔波,一路呼吁。

忙了数年,筹建石桥募集资金终于基本凑足,人们万众一心恨不得立刻把石桥造起来。

胡祖德曾主持重修陈行镇东首的东砖桥和西首的计家石桥,对造桥事宜心中有底。他说干就干,四处奔走,招募石匠。听说有位叫杨桂生的松江石匠最善于造石桥,他就匆匆赶到松江城,向杨师傅当面求教。胡祖德造桥心切,一见面就问:“师傅能否早日动工?何时能够竣工?”杨桂生却不慌不忙:“动工后,起码要等到夏天,入水不冷进度才能快一点。只要你们将料备足,一年工夫可以完工。”胡祖德连忙答应:“我马上去购石料,请师傅尽快动工,早一天完工,伲陈行百姓可少吃一天苦。”杨桂生仍是不急不慢地说:“你们购石料的钱款凑足了吗?你去购料时,不先付足款项,石料休想一次购足,而一旦停工等料,我有天大的本事,也快不了啊。你还是先回去购足石料,再来与我相商吧。”胡祖德急了,胸膛一拍说:“石料由我负责购足,请师傅开具清单。万望师傅尽快来陈行开工,为我百姓造福!”杨桂生被他的一片真情打动,便报出了一长串工料清单。胡祖德仔细笔录记清,再次恳求他约定开工日期后,才匆匆回家。

一路上,胡祖德读着清单,盘算着资金,可算来算去,资金还缺三分之一。要是再去四方筹款,工程又得再拖两年,要是边购料边筹款,石匠师傅不肯动工,要快也快不了。怎么办?他决定先将私款垫进去,购足石料确保动工再说。

第二天,胡祖德带足资金,登船赶往浙江选购石料。他坐在船舱中,挥笔细算,按杨师傅开的清单算了一遍又一遍,将石桥的用料一块一块地计算到家。他感到杨师傅开的清单中，用料算得过多了，虽说造桥用料应有余地，但眼前经费短缺，能省的决不能浪费。他再三核准了用料清单，认真选购好全部工料，租用宁波船装妥，亲自押运，匆匆赶回陈行。

阳春三月，造桥工程终于动工了，杨桂生带了40多个石匠，开进工地，见胡祖德说到做到，已将工料全部备足。工匠们就地画出环桥图形，选料打造，他们也顾不得春寒水冷，纷纷下水打起了木桩。工匠们昼夜苦战，工程进展很快。胡祖德天天泡在工地上，连三伏天，他也头戴草笠，奔走在烈日之下，与石匠们同甘共苦，夜间还亲自打灯笼巡夜。杨桂生见他这样辛劳，再三劝他放心回家休息，但他就是不肯离开工地。

胡祖德不肯走，既是不放心工程进度，而更担忧的是，他没按杨桂生的清单购足石料，生怕自己算错，造成停工待料，又生怕杨师傅发觉，动气而息工。

其间，有人却一再干扰造桥工程。

时任上海知县田宝荣下令，征粮时拒收铜币，要纳银元，否则抑价二百文。各乡大哗，公推秦锡田出面上告松江府，揭发知县纳粮折银的弊事。知县因此“衔之刺骨”，对秦锡田极为不满。

正巧，当地沈家湾是个“老贼窟”，这时有个“老贼”沈雪冰，夜里到造桥工地上盗窃桥桩木数根，被乡人发现后将其拘押在课勤院内，又怜其有病而放回家去，谁知不久病

营造度民桥图

逝了。其家人便告到上海县衙,诬说胡祖德“勒捐凶殴,朦请检验”。知县以为报复秦锡田的机会来了,便趁机兴师问罪,连接发出传票。秦锡田称之“乃官与贼合,创千古未有之奇局,符檄之急如火如风,吏役之威如狼如虎,奸宄之协谋如鬼如蜮。合上、南、川三邑之士绅,力持正论,犹不能解围”。若不能及时解围,造桥工程几乎功败垂成。

秦锡田一边亲自与知县周旋,据理力争,一边叮嘱胡祖德督工不辍,坚持造桥。知县恼羞成怒,责令停办题桥课勤院。而秦锡田、胡祖德坚持抗辞申辩,称“贼病身亡体不伤,贪官党贼转诬良,是非颠倒王章紊,国脉何能衍久长”。

石匠们一鼓作气,工程进展出奇地快,只用了 8 个月,新石桥基本建成了。

1912 年 1 月 3 日,南京临时政府成立。此时,石桥已拆卸鹰架,装栏杆石,正准备隆重庆贺竣工,适逢民国建立,陈行人便将这座“广一丈二尺,长十六丈,高五丈五尺,糜钱万贯”的大石桥取名为度民桥,寓意双关。

为此,秦锡田撰《创建度民桥记》,并立碑。还在桥身镌刻两副楹联:

壮澧溪第一重关键,受歇浦七十里潮流。

疏浚运河今免役,往来船舶此眠桅。

有志事竟成

度民桥建成后,令杨桂生吃惊的是,石料竟一块不缺一块不多,他明知自己的清单是随口开出的,大有余地,而现在用料如此精确,他不得不佩服胡祖德的精明善算。他们更想不到的是,胡祖德手中尚有余款银币八千多元。为此,杨桂生干脆定居在三友村南杨家宅,陪同胡祖德造石桥。

从此,沿塘各地凡建石桥都来请胡祖德出山。他也信用卓著,石铺不敢居奇抬价,石匠不敢作弊偷工。

胡祖德则眼看周浦塘上尚有好几座木桥需要改建，坦言称：“沿塘诸桥，悉易以石，则吾愿毕矣。”

秦锡田鼓励他：“有志者，事竟成。”

不久，胡祖德主持将陈行镇北周浦塘上的荷花木桥改为石桥，易名为“新民桥”。

民国三年（1914）起，胡祖德指导乡董秦锡祺（字寿农，号庸庵）主持募修题桥镇周浦塘上的大木桥。民国七年（1918），终于改建成环洞石级的“裕民桥”。

民国十年（1921），又在苏家桥镇改建周浦塘上的“苏民桥”。

民国十三年（1924），胡祖德主持改建周浦塘上“列船桥”，改名称“粒民桥”，并撰两副楹联：

名著列船想六十年前粮艘云集，地临周浦看二三里内市肆尘嚣。

澧溪西去汇百曲，歇浦东来第四桥。

为此，秦锡田撰《新建裕民苏民粒民三石桥记》，并立碑。秦锡田向乡人宣传：“比长遨游四方，每见都会之处，商贾辐辏，冠盖纵横，其桥之高大瑰丽，必能与地相称。倦游归里，偶入租界，则吴淞江上之桥，皆平坦宽阔，电车上行，屼然不动，汽船下驰，洞然能容。近数年来，西人经营四川路、河南路两桥，掷数十万金而不惜，其才识高，其魄力大，故能发挥光大，有此壮伟之建设也。若夫穷乡僻壤，古渡荒塘，其踯躅而徘徊者，大都田夫野老，樵叟牧童，其志小，其识卑，其力弱，得免徒涉，沾沾自喜，尚何瑰玮巩固之敢计哉。”

民国十九年（1930），胡祖德在徐家渡废渡建桥，造起石桥后定名“齐民桥”。建成齐民桥时，他已经70岁，累出了一场大病，身体日衰，但没几年，他又在塘口镇主持改建桥身六节的平面石桥，称“寿民桥”。此外还分其余力，协建“润德桥”“牌楼桥”“叶家桥”等。从此，竟有六座新建石桥一齐横跨在周浦塘上，桥名相连，十分壮观。为此，陈行乡民尊称他为“六桥老人”，而胡祖德以桥为荣,改字号为筠桥。

民国二十八年(1939)春夏之交时,胡祖德病逝于家乡,终年79岁。安葬时,全镇为其哀悼,凭吊者盈门,素车白马摆满了老街。

裕民桥

陈行人与上海城隍庙

作为“上海县城隍”秦裕伯的后代，陈行秦氏族人对上海城隍庙情有独钟。

秦锡田勇于担当

民国十三年（1924），被称作道观圣地的上海城隍庙，接连遭受两场大火，几乎成了一片废墟，顿时轰动沪上。农历七月十五，上海城隍庙霍光殿起火，大部分建筑被毁，只有城隍老爷神像因出巡而无恙。同年 11 月，上海城隍庙再一次不慎失火，烧了东楼，殃及殿宇，损失惨重。

如此局面，令秦锡田焦虑万分。他时任上海县地方公款公产管理处总董，又身为“上海县城隍”秦裕伯裔孙，尽管大病初愈，还是决意出面干预，设法改变局面。

于是，秦锡田四处奔波，寻求良方，几经多方协商，事情终于有了转机。

1926 年 12 月 5 日，上海县地方公款公产管理处在上海城隍庙萃秀堂召开“邑庙董事会”成立会议，撤销原来由住持道士管理庙宇的传统制度，重新订立简章，改由董事会驻办员出面管理城隍庙。会议公推秦锡田为董事会会长，叶惠钧为副会长。参加会议的还有陈行秦氏家族秦锡贵（字景之)。

秦锡田协同黄金荣、杜月笙、张啸林等上海滩头面人物发动捐资,启动重建工程。重建工程由公利打样公司设计,久记营造厂承包建造,当年4月开工。

秦锡燧尽职办事

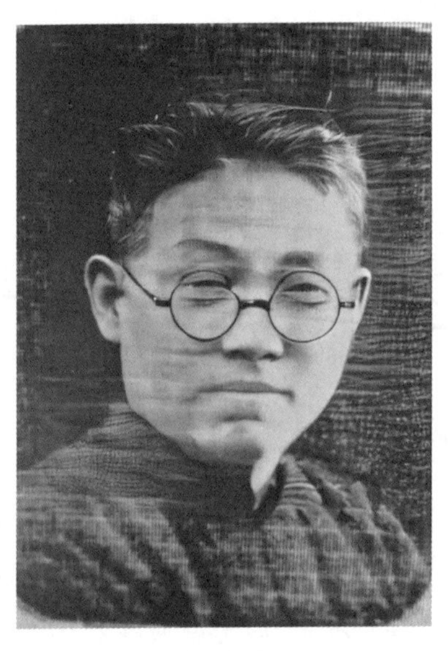
秦锡燧

邑庙董事会急需一名为人可靠又能干实事的驻办员,负责重建城隍庙工程的日常工作。秦锡田考虑再三,决定从家乡调派得力干将,结果选中了堂弟秦锡燧。

秦锡燧(1899—1935),字槐新,号宝涵。6岁丧母,9岁失父,自幼孤苦,15岁才读完小学课程。成人后,奋发有为,不到30岁即成为上海县教育局教育委员,正年轻有为。

1927年1月23日,邑庙董事会开始办公。秦锡燧以驻办员的身份带领4名干事,负责执行董事会的各项决议。

北伐军攻占上海后,时局一片混乱。城隍庙重建工程没有因此停顿,董事会为应对种种难题,再三协调,做出了一项又一项决议,秦锡燧则奉命硬着头皮全力推进决议的执行,天天忙得筋疲力尽,但他毫无怨言。

到了夏季,时局逐渐安稳。某日,秦锡田、秦伯未、秦之衔、丁仁科(1901—1987,字冠颜,时任私立三林中学校长)等陈行同乡人邀集黄蕴深(1873—1953,名宗麟,字蕴深,闵行人,时任江苏省民政厅第一科科长)、李右之(1880—1958,原名维清,后名味青,字右之,闵行人,时任上海县志修志局事务主任)、施舍(1891—1980,字养勇,颛桥人,时任上海县教育局督学)、方友琴等甲社上海县籍人士在豫园聚会，一起查看了城隍庙工地，见到工程进展还算顺利，相谈甚欢，还合影留念。

火雪明热情宣传

出生于陈行乡火家宅（今苏民村）的青年作家火雪明（1905—1982），时年20岁，已编写了《处女梦》（群众图书公司出版）等几本文学书籍，是闸北鸿兴坊75号世界语学会的常客，在上海滩小有名气。此时，应秦锡田的召唤，火雪明也一头扎进了上海城隍庙工程。

1927年11月，重建的城隍庙大殿终于竣工。

为了配合城隍庙重建落成开光活动，火雪明突击编写了通俗读物《上海城隍庙》，首次全面介绍上海城隍庙，并对秦裕伯生平做了详细介绍。书稿脱稿后，即交付印刷所排印，不料部分稿子被邮局遗失，火雪明只得重新编写。赶在1928年年初，《上海城隍庙》终由青春文学社出版发行，初版印了上万册，很快就销完了。火雪明即增添内容，改进装订，于4月19日出版发行第二版。

秦氏族人倾心考证

民国二十二年（1933）农历九月初九（10月27日）为重阳节，秦锡田在题桥组织举办秦公祠建祠六十周年祭祀活动，由上海县县长潘甲忠主祭，上海士绅纷纷赶来参拜，场面十分隆重。

秦锡田步入晚年之后，不由想到了“身后事”。经历了重重人生曲折，他担忧日后被世人曲解误传。作为“上海县城隍”秦裕伯的后人，他一直为先祖的遭遇愤愤不平。

自明代起，秦裕伯高高地供在神位上，而其家乡的人们始终将他视作一个真实的人，时常会想起他的故事，念叨他的一切。然而，明清两代数百年间，世人对秦裕伯的生平事迹知之有限，存在诸多疑问。

秦裕伯生前，明太祖朱元璋三次征召而不受。之后，他是否入朝，是否受职？有人还怀疑担当保佑天下之责的“城隍老爷”当初“不守忠节”？秦裕伯没有亲生后裔传世，没有人编印相关文集，“城隍老爷”的人生故事，真真假假，是是非非，弄得秦公后裔“不能详细讲述”，秦氏修谱人有意忽略不记，以致这一历史悬案争论不休，四百多年来未有定论。

父亲秦荣光为此深感忧虑，曾撰写《上海县城隍说》，首次宣称：吾家《淮海宗谱・景容公传》曰：“公卒于洪武六年，讣闻于朝，太祖震悼曰：生不为我臣，死当卫吾土，着即敕封为本邑城隍神。”

人们由此看到了朱元璋敕封秦裕伯为城隍的依据，但是有不少文士对此说并不认可。

秦锡田查阅大量史料，却收获不大，便决意要尽最大的努力，为先祖厘清史实，不留遗憾。

于是，秦锡田撰写洋洋洒洒的《秦景容先生事迹考》，摘录大量地方文献，来判断对秦裕伯事迹记载的真伪和详略，并作出二十四处按语，进行考证。全书分为家世篇、仕履篇、遗事篇、遗著篇、遗迹篇。在他自撰的序文中，对秦裕伯的生平事迹提出了六个“不可解”：一是郡邑新旧志乘所记为何那么简单；二是志书为何不书秦公为官有所建树；三是秦公故里为何几乎无迹可寻；四是秦公有文名而为何无篇章流传；五是秦氏宗谱为何仅称其无子；六是《淮海宗谱》问世距秦公去世仅百年，为何只记赞语而不书其生平事迹。秦锡田博采群书，以作考证，得出结论：“曾观察当时朝野之情势，颇疑公操心危虑患深，息交绝游，销声匿迹，毁其著作，减其事功，甚且绝其胤嗣，以泯身后之祸。盖公之用心苦矣，呜呼。”他认定，秦裕伯“不愿以身后之名为乡里宗族贾祸，故毅然舍弃”，临终之前自毁生平实证，叮嘱亲友匿迹。因此，尽管朱元璋敕封秦公为神，族人仍长期处于惊恐之中，既生怕朝廷随意施恶，又生怕故里民众会遣责秦公“不守忠节”。

秦锡田的考证，让世人对“上海县城隍”有了更清晰、准确的认识。也许，因为这是秦家人说秦家事，所以总有自夸之嫌，加上秦家办事谨慎，该书没有公开出版，印量很少，流传不广，因此没有得到社会广泛的引用和认同。

为了弥补这一缺憾，秦伯未以秦裕伯十九世孙的身份倾心撰写《上海县城隍考》，全面阐述陈行秦氏家族对于秦裕伯生平事迹的研究成果，1946 年刊发在大上海出版社出版的《邑庙风光》一书中。

秦氏诒谷堂名医世家

秦乃歌自建诒谷堂

陈行秦氏家族源远流长，枝繁叶茂，秦氏“诒谷堂”一支为名医世家，人才辈出。

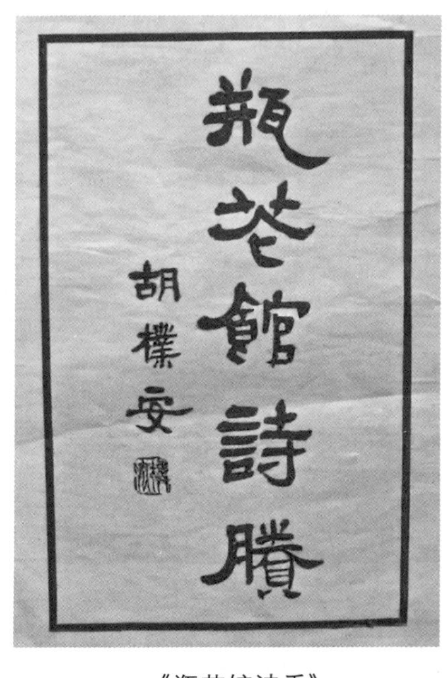

《瓶花馆诗乘》

秦荣光的胞弟秦乃歌曾入京师的国子监读书，为贡生。其天资颖慧，性格活跃。少年时代能读书，耽风雅，经史子集、琴棋书画，无所不涉。因咸丰兵灾而废学，不再谋求仕途。据民国《上海县志》记载，“洪杨之乱”平息后，“里中少年争集丝竹、角棋、酒、六博以为乐，而公（秦乃歌）艺辄冠其曹耦间，又饲鸽、养金鱼，妙悟物情，独得蕃息，顾不留滞即弃去。性尤风雅，书法娟秀，画抚南田，活色生香，自然芳艳。间填小令，步武梦窗，诗则抒写性灵，深得渔洋法乳，篆刻不落浙徽窠臼，独

取法宣和，而所作不自惜多散佚。盖公潇洒出尘之致，不凝滞于物，深得晋人名理云”。所著《瓶花馆诗乘》中，荡漾着多才多艺的风采。

光绪六年(1880)前后，在父亲秦诵莪的帮助下，秦乃歌购得刘家厅宅地，自建“诒谷堂”。在园中亲植一株奇花，宛如白玉花瓶，将西厢房定名为“玉瓶花馆”。

步入中年之后，秦乃歌突然放弃所有嗜好，全力关注岐黄医术。起因是光绪九年(1883)母亲病重时，他一边躬侍，一边留心医药。母亲医治无效而亡，更激发了他研求医学的决心。业医后，秦乃歌醉心于诸家医典：“上探灵素，下参修园、洄溪诸说，尝举《伤寒论》《温病条辨》两书，反复考索于其得失同异之理，豁然贯通。处方治病，辄应手奏效。乡里有乞诊者，公触寒暑、冒风雨，徒步往视之，效不索酬，酬亦不尽受。”他悬壶济世，致精于医二十年如一日，深为乡人颂扬。著有《灵兰书室医案》，其不少临证医案被后人收入《清代名医医案精华》。

秦锡祺回乡立功

秦锡祺(1874—1934)，字寿农，号庸庵，秦乃歌之子。自幼多病，受父亲的家传，对医理颇有心得。成年后，赴山西省寿阳县，跟随在那里任知县的堂兄秦锡圭谋事，颇有长进。秦锡圭因施赈立功，获得抚院奖励，便给秦锡祺争取到赴省会候补谋职的机会。

光绪二十八年(1902)，秦氏亲家、青浦胡祖谦(字端臣)出任吉安府知府，提携秦锡祺前去任襄理，学习吏事。不久，因母亲去世，只得返回家乡，守孝多年。后经族人相助，宣统元年(1909)，出任江西省饶州府经历，赴江西省万安县任县丞。次年，因万安遭受旱灾，饥民闹荒，革命军兴起，时局日趋动荡，秦锡祺难以应对，无奈辞职返回故乡。

秦锡祺刚回乡之际，正巧遭遇黄浦江边盗案迭发，乡人惊恐不安。他立即组织地方商团，购置枪械，彻夜巡守，家乡才保持平安。此举使他在乡人心中的地位骤升。

民国二年(1913)春,秦锡祺被秦锡田带头推举为陈行乡议事会议长。他全力注重地方教育事务,增设学校,建筑校舍,成绩卓著。同时,为消除社会陋习,经上海县知事批准,还在陈行镇西市汇善堂内创设了戒烟分所,提供医药,并供膳宿,30多个偷吃"白粉"者被送来戒烟。其父亲秦乃歌30岁染上烟瘾,长期难戒,此时为响应号召,古稀之年竟毅然决然地戒了烟,乡人见之皆称其勇。秦锡祺以父亲毅然戒烟的事例,劝说乡人。

不久,地方自治制度被迫取消。陈行乡经董胡祖德任职期满,决意隐退,由秦锡祺接任。他不矫激亦不因循,不惹事亦不畏难,悉心处事,使地方安稳,乡民皆得安居乐业。他继续推进地方公益,看到题桥镇市中的跨塘大木桥已年久失修,势将倾圮,便请秦锡田起草颁发《募建题桥市跨塘桥启》,发动地方各界募建,建成一座颇具气势的跨塘环洞大石桥,取名"裕民桥"。不久,秦锡祺又与周承铭一起,筹资重建鹤寿桥。

到民国十三年(1924),地方自治制又恢复了。当年8月,陈行乡议会经重新选举,秦锡祺任乡董。成员年龄降低,仍以当地教育界人士为主。

民国十九年(1930),上海同仁辅元堂聘秦锡祺为分堂事堂。

秦锡祺当初在浙江仙居供职时,因水土不服,曾两足生疡,不能行动,医

1934年秦锡祺合家照

治三年才得以好转。到了晚年，足病虽愈，但行步蹒跚，却仍坚持在上海白克路（今凤阳路）524号坐堂施医，专治眼耳鼻咽喉科。然而，从1934年7月起，其足部突发浮肿，并延及腹部，经中西医医治均未奏效。农历八月二十四日（10月2日）晚上八时，他在痛苦中离世，终年61岁。

秦锡祺的长子秦伯未（1901—1970，名之济，别号谦斋，以字行），由于家庭熏陶，自幼即酷爱文典医籍，毕生致力于中医教育和临床实践，业医五十余年，著述颇丰。1970年1月27日，在北京逝世。骨灰归葬诒谷堂宅院隙地。

胡氏宗祠纪事

近读《胡氏家乘》,可得知最为可靠的有关陈行胡氏家族的情况。书中录有一幅《胡氏宗祠图》,由画家汪勤1914年冬月绘于上海。秦锡圭撰《胡氏宗祠图赞》云:

浦流屈曲当其前,锦塍绣壤周陌阡。新祠轮奂此昆连,谱入图画胡天然。安定之裔妥厥先,春秋佳日洊景妍。少长咸集皆翩翩,子子孙孙瓜瓞绵。歌哭聚斯千万年。

《胡氏家乘》称,始迁祖胡少刚,明末由徽州绩溪迁至上海县陈行镇。谱存胡氏宗祠图、修建宗祠记、祠堂联、胡氏祭文、祭祠规则、节妇传等资料。

胡氏宗祠位于陈行老街东首(今徐凌村一组),南临周浦塘,北枕寿源河。清光绪二十四年(1898),由胡祖德发起募款,在胡志侯、胡蓼庄、胡楠生、胡善余等族人支持下,启动筹建工程。6年后,建成主厅一本堂。前后经过10年努力,至光绪三十三年(1907)方才全面落成。宗祠有正屋15间,厢披深廊等13间,三面围有矮墙。

当时,祠中分设两校,大门之东为本立男校(胡祖德创办),西为自修室,西厢房为男校第二教室。正中厅事为正本两等女校(孔祥里、秦锡田创办),

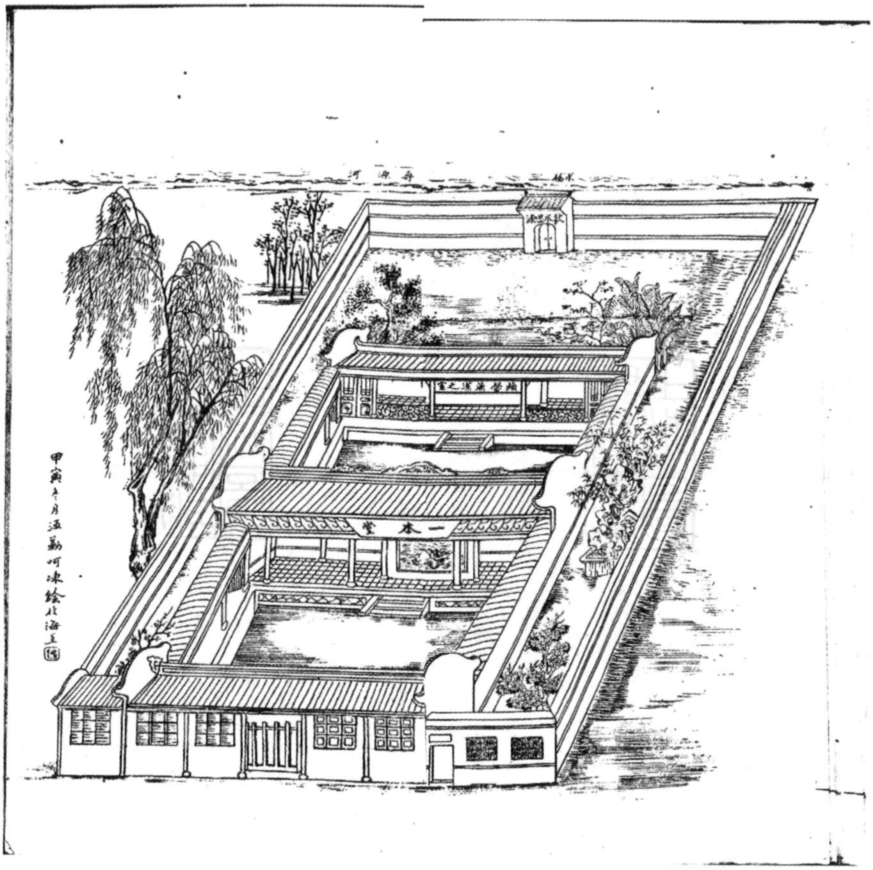

胡氏宗祠图

东次间为寄宿舍，西次间为应接室，东厢房为女生自修室。厅前回廊为游息处，大门前隙地为操场。中庭极大，集莳花木，上架紫藤，夏景尤宜。后庭为家族古墓，加砌砖石，栽花于上，尤为巧不伤雅。屋内陈设精洁，主厅所供先辈木主之神橱，均笼以纱格，嵌以玻璃，饰以书画。其他栋梁轮桷皆髹以漆，门户皆刻以联，足见营造之始，规划周密。

1911 年，陈行乡公所设在胡氏宗祠内，这里几乎成了“公家”之地。1912 年，胡氏宗祠内的学校归并到陈行初级小学校。

陈行顾龙彪收藏着一件木板楹联，相传曾是胡氏宗祠遗物。楹联红底黑字，上书“书轩无尘牍，花径有余香”。落款为“老莲洪绶”，后有“陈洪绶印”和“云僧海门”两方篆体印章。陈洪绶(1599—1652),字章侯,号老莲,明末书画名家。

顾振在胡氏宗祠留影

1940年年初,在抗日游击战斗中患病的顾振(1913—1942,原名顾增福,别号真火,陈行顾家宅人)被秘密转移到陈行镇上,独自住在胡氏宗祠小屋里静心养病。在大雪封门的日子里,他静心整理记录游击队战斗生活的诗稿《病中杂吟》,重新手抄成册。

开春之后,陈行镇上突然热闹起来。

在上海城里避难的老乡董胡祖德去年春夏之交时节寿终沪寓,享年79岁。此时,胡老先生归葬故土,全镇为其哀悼,凭吊者盈门,素车白马摆满了老街。

顾振十分敬重胡老先生,特意撰写了两副挽联,送去吊唁:

其一:

既多财又喜为善,慈善家中称泰斗;

有其师必有其弟,温毅公(秦荣光)后第一人。

其二:

一生造福桑梓,晚岁避难沪滨,行见太平日近,何期物化长虹,永使英灵留遗恨;

故乡虽遭残破,吾公手泽宛在,且看乱世无多,他日荐记乡贤,长仰典型垂百代。

3月16日，在上海城区避难的陈行名士秦锡田（时任上海慈善团常务董事，兼同仁辅元堂主任）也逝世了，享年80岁。

顾振曾受教于秦锡田，因各自忙碌，已7年未能见面。此刻他闻讯便想起，自抗日战争全面爆发以来，享誉上海滩的陈行乡贤孔祥百（1867—1938，字志恰，教育家）、胡祖德、秦锡田等三老相继含愤离世，即在笔记本上写道：

> 乡里闻之，同声叹惜，老成凋谢，国丧斯文，在愁肠百结中为苦诗吊之：梁倾栋折大雅亡，乡里闻乡尽感伤。非为阿私同一哭，石人也要泪千行。

1934年，陈行人合股开办仁昌轧花厂，带动了当地棉花种植和家庭纺织业，可惜抗日战争时期遭劫难。抗日战争胜利后，仁昌轧花厂迁入胡氏宗祠，改建厂房，祠堂面目大变。

如今，胡氏宗祠建筑随陈行老街一起消失了。

范根才占据塘口镇

1938年1月15日起，侵华日军在浦东地区开展大扫荡。1月21日（农历十二月二十日），日军闯进黄浦江畔的闸港镇，纵火烧毁158间瓦房，震惊浦东各地。

紧靠黄浦江的塘口镇，既有摆渡过江船只，又有客运轮船码头，为水上要塞，被范根才、李阿国带领的忠义救国军第八支队第三大队趁乱占据。

范根才（1909—1940），鲁汇乡范家塘（今浦江镇汇中村五组）人。少年时学木匠，后到上海城区谋生，投身“青帮”门下，结拜“九兄弟”，排行“老七”。因抢劫被判罪，关押在上海监狱，抗日战争全面爆发后获假释从军，编入陆军独立第54旅当兵，参加淞沪会战，以战功担任中士班长。

上海沦陷后，范根才逃回浦东，投靠盐匪马柏生，拉起武装队伍。1938年，投靠丁锡山，出任忠义救国军第八支队第三大队大队长，拥有11个中队，600余人，大队部先后设在范家塘、水月庵、鲁汇镇河南、塘口镇等地，趁乱建立自己的势力范围，既抗日又扰民。

顾振初建抗日武装

在日寇的铁蹄下，顾振坚持自己的信仰，决心继续为救亡事业尽一份力。日寇的暴行，伪别动队的猖獗，一再激发顾振自行建立武装队伍的雄心。他与同学陶杰（塘口镇人）多次商议，却一时不得要领，难以落实于行动。

1938年4月22日，是“微雨而和暖的一天”，顾振在避难之中，写下了这样一篇日记，直抒胸臆：

忆自去年11月12日在敌人的高压下，离北桥返家后，即停作日记。中间经过二度的到沪，一月底遭敌之骚扰，由彷徨苦闷中转到暂时静下来看书、耕田，预备在苦难中建起充实的学识来，等待光明复现时的为国效力。在目前效死既已无从，也只好在暴风雨之后的焦土上，担负起复兴的工作，借以纪念我已死的同志。故在田野中则短褐青衣，埋头耕作，居家则看书阅报，潜心修养。但曾几何时，乡间伪别动队猖獗，扣船绑票，勒索不厌，连我等亦不能安居。故昨今二日，不得不父子三人暂且隐匿，故避其锋。我等初亦思及，须有一真正之民众武力，方足以保地方而制敌人。故自去年起，即计划组织一游击队，掀起抗敌之怒涛。而刺宵必于无形，但因给养、武器未得解决，故迄未实现。虽有沪方同志协助，终亦不得要领。虽有相当同志，亦均散居各处，不易联络。陶因受人注视，不能活动。我亦避居姑母家，亦难效力矣。目观敌之暴行，伪别动队之猖獗，民众之陷于双重水深火热之中。虽云此在光明来临前的黑暗，地狱之所必经，但东方未白，民何以堪，我等固知消极之回避，不若积极之进击。但好人不易团结，而魔焰反以高张也，悲乎！

经过几番联络沟通，顾振与陶杰决定结集20余名青年好友，自行组建一支抗日武装队伍，投入枪对枪的救亡斗争。他们以塘口镇为基地，这里刚遭日军洗劫,市面萧条,正好有利于隐蔽。

于是,顾振通过好友李兹白(莘庄镇西街人)委托彭鹤年(莘庄乡马桥头人,时任横溪小学校长),从天马山购买了一箱炮弹、几十颗手榴弹和数百发子弹。李兹白、彭鹤年趁夜色用“稻柴船”将弹药运到塘口镇,交到顾振手中。后来,彭鹤年又帮助买了两批枪支弹药。

有了武器,顾振率队在塘口镇和对岸车沟渡口一带开展武装游击活动。参加者有胞弟顾忠、堂弟王秋福,以及浦东的沈宝小、陈德兴、丁前楣、王伯英、曹嘉民和浦西的马依良、陆益畲等。

可惜,队伍尚无作战经验,出师即失利。一次,他们突然遭遇当地恶霸李阿同的土匪武装,因有队员不慎枪支走火,暴露了目标,不得不未战即退。土匪武装见他们势弱可欺,便一再寻衅报复。

顾振与队员们被迫撤离塘口镇,在题桥镇南面的长寿寺内隐蔽了一个星期。顾振感觉到,仅靠这些好友难以形成战斗力,便将武器集中收藏之后,暂时解散队伍,寻找新的途径。

日军围剿

1938 年 3 月间,驻扎在浦西的日军渡江过来围剿,范根才急忙率部撤离塘口镇。日军迁怒于乡民,一把火烧毁了 122 间民房,塘口镇就此毁了半个镇而不再成市。

1938 年 3 月 17 日,伪杨思警察所所长王甲三向上海市警察局呈文称:3 月 15 日据陈行区警长周祥报告,3 月 11 日上午 8 时左右,有日水兵七八名,乘小船一艘,在塘口附近上岸,沿途连续肇祸。鲁家塘居民鲁行干之嫂徐氏,被刀砍伤左手腕,被枪柄打伤头部;其妻杨氏被扁担打伤左眼及脊背等处。林家塘林纪生之媳被打伤左胸。上镇后,他们在胡荣根家坐索酒食,醉后枪毙一犬,并至警务处逼令各警务员检视张凤林脱卸,稍迟即被刀刺,并令警员沽酒复饮毕后,将台子削去一角。日本兵至陈行镇挨户索取钞币。于胡信义米庄门前,将胡伯才之妻用刀刺破小腹。顾味辛之母丁

氏被刺伤左腰。顾翠桥的女儿丁引仙左大腿中有数刀,头上被枪击有一洞。

1939年的夏天,天气奇热,连续两个月没下雨,小河干涸,农田龟裂。乡民们日夜戽水浇灌,怎奈老天发威,水稻亩产仅300斤,棉花亩产籽棉40斤。民生如此困苦,却雪上还要加霜。此时,南京汪伪政权粉墨登场,陈行镇上原有的“十乡办事处”又改为“十乡征收处”,胡根兴任主任。两年后,又改为“七乡征收处”。征收处雇了不少催征员,为日伪军派捐派税,乡民深受其害。

秦伯未魂牵故土

儒医世家

中医泰斗秦伯未，曾任国家卫生部中医顾问，中华医学会副会长，国家科委中医药组成员，药典编辑委员会委员，第二、三、四届全国政协委员。

1901 年 7 月 31 日（光绪二十七年六月十六日），秦伯未出生于上海县陈行镇秦氏诒谷堂，为宋代词人秦观第二十七世孙。秦氏为儒医世家。其祖父秦乃歌，字笛桥，号又词，初因母病医治未效而留心医学，业医后医名大噪。其父亲秦锡祺自幼多病，受家传，对医理颇有心得。

秦伯未幼承家学，垂髫之年就熟读《脉经》《药性赋》等。8 岁时，父亲秦锡祺离家赴江西饶州府任经历。10 岁起，秦伯未就读于由伯父秦锡田主持的上海县三林学堂。

秦锡祺任江西省万安县县丞时，难以应对时局日趋动荡，无奈辞职返回故土。民国二年（1913）春，出任陈行乡议事会议长，注重地方教育事务，成绩卓著。为消除社会陋习，在陈行镇西市汇善堂内创设戒烟分所。他以父亲秦乃歌晚年毅然戒烟的事例，劝说镇上那些“吃白粉”的人士服用戒烟丸断瘾，取得了良好的社会反响。

秦伯未14岁就读于江苏省立第三中学(今松江二中前身),开始喜欢上写诗。18岁时考入丁甘仁创办的上海中医专门学校,系统学习中医。1923年毕业后,应聘为母校讲师。

1924年12月,年仅23岁的秦伯未在尚文路开设中医诊所,尝试独自创业。1927年起,他与几位医专同学联手创办上海中国医学院,自任教务长、院长。因遭遇连年战乱,时局动荡,创业极为艰难。

同乡好友

在上海滩,一些上海县籍人士组成"甲社",时常相聚交流乡谊,为首者秦锡田,时任上海慈善团常务董事,常驻同仁辅元堂。秦伯未与伯父秦之衔(1895—1968,字又元,号翰才)的年龄相差40岁,却很乐意与其相伴前去参与活动,从而结识了不少有所作为的同乡青年,其中有颛桥乡施舍,闵行镇李右之、黄蕴深,陈行镇丁仁科。

1927年夏甲社豫园聚会,左一为秦伯未

当时,正逢上海市、县分治,时局变幻莫测,同乡好友感慨万千。1927年8月,上海县教育局重建,经好友施舍鼓动,秦伯未前去应聘,后担任上海县教育局总务科文牍。同事中有来自陈行秦氏家族的秦锡燧。

其间,秦伯未游览了北桥地区的名胜古迹,不由诗兴大发,撰有《北桥竹

枝词三首》:

三月俞塘春水生，春风吹起浪花轻。
乡居不识鸳鸯鸟，日日滩头打鸭行。
银杏枝头双鹁鸪，晴来相逐雨相呼。
年年啼到枝头秃，中有妾心心未枯。
瓶山春尽鹤坡秋，不及钟楼对我楼。
东海潮声喧日夜，钟声长在海西头。

然而,1929 年医学界发生了一件震动全国的大事,秦伯未坐不住了:有人向国民政府提出一项提案,要求取消中医。当局也拟采取措施,决议接受这一提案。秦伯未闻讯立即站到了抗争的最前列,大声疾呼“抢救祖国遗产”。上海中医界通电全国,发表宣言,于 3 月 17 日在上海召开全国中医中药代表会议,并推举秦伯未为赴(南)京请愿团的五人代表之一。国民政府见中医界群情激愤,只得收回成命,撤销决议。

1930 年 1 月,秦伯未离开上海县教育局,在上海南市车站路普益里 2 号创办“中医指导社”,自任社长。并在法租界恺自迩路(今金陵中路)振平里 20 号开业应诊,每天上午九时起门诊,下午二时后出诊。

颛桥义诊

秦伯未在上海县教育局任职时,因公务往来,对上海县农教馆馆长张翼(1899—1975,字凤三,颛桥镇人)有志以平民教育促进乡村建设的成效十分佩服,两人遂结为知己。秦伯未返城区经营诊所,十分繁忙,但始终与张翼保持密切联系。1932 年冬,颛桥人自费编印一册《民族之光》,记述一·二八事变中十九路军的抗战事迹、秦伯未寄来了他作的诗:五百田横士,八千项羽兵。海涛吞落日,剑影压孤城。华夏留名字,山河属主盟。一篇青史在,付予敌人惊。

当年，乡村中有不少因生活艰难而久病失治者，张翼一边宣传健康理念，一边诚邀秦伯未前来送医救治。于是，秦伯未每逢周六下午赶到颛桥农民教育馆进行义务诊治，忙到傍晚才返回城区。每次前来就诊的有数十人，大多为拖延失治的顽固宿疾。虽然有愈有不愈，但因此受益的乡人不在少数。他前后坚持了4年之久，令颛桥乡民极为感激，当他返城时常有人送来香烟和下酒菜，最后一年他有了自备车，人们便将时鲜蔬菜瓜果塞满他的车子。乡民们的盛情，使秦伯未深受感动。

秦伯未

抗日战争胜利后，秦伯未担任上海县临时参议员，到闵行老镇赴会议政，便与老友张翼叙旧。他得知张翼在主编《明心报》，便写了一篇《农教馆之回忆》，深情地回忆了当年到颛桥义诊的经历以及与张翼的友情。张翼将这文章刊发在1948年11月1日的《明心报》上。

铭记先辈

陈行秦氏家族，是“上海县城隍”秦裕伯（1296—1373，字惟镜、景容，号蓉卿）的后裔。关于秦裕伯的生平事迹，世间长期存在误解。1933年10月，秦锡田撰写了洋洋洒洒的《秦景容先生事迹考》，对秦裕伯的生平事迹提出了六个不可解。秦伯未积极响应，进行考证，以正视听。

1936年，大上海出版社出版《邑庙风光》一书，醒目地刊发了秦伯未的《上海县城隍神考》，以秦裕伯十九世孙的身份介绍秦公生平，并刊发了题桥秦公墓祠的四幅实地照片。他还专题考证题桥秦家堰，撰《秦家堰考》。

陈行秦氏家族“之”字辈子弟有十多个，最为杰出的当属秦伯未和秦之術。秦锡田在《示从侄伯未》诗中勉励他们:“不为良相即良医,医理精深贵得师。莫泥古方求愈病,尽抛尘事独吟诗。文心皓月三潭影,家学微云一阕词。努力读书破万卷,自然笔底露秋垂。”

祖屋问诊

1945 年抗日战争胜利前后,44 岁的秦伯未深感心累,于是避开上海城区的繁华和纷扰,返回故土重温乡情乡谊,并静心修订秦荣光整理的《陈行秦氏支谱》,撰写序言,告慰先祖前辈,传承家族风范。

秦伯未在“诒谷堂”宅院门前搭建新屋,设立诊所,仍坚持上午门诊,下午出门巡诊的习惯。乡亲问诊,开方一般不超过九味药,价格便宜,且能药到病除,因此当地人称其为“秦一帖”。他应用的民间偏方“癞蛤蟆塞蛋”,能治小儿支气管炎,乡人至今称奇。秦伯未在院内种了好多草药,有的病不用花钱也可治,例如金丝荷叶治疗中耳炎,麦冬治疗口干、口腔溃疡。他常以普通食品如山药、莲子、薏仁、芡实、乌梅、山楂、龙眼肉、冬公子等入药,淡化轻和,滋补肝肾,平和阴阳而收显效。

为陶冶性情,秦伯未在院内养了两缸荷花。墙边祖父种植的那棵玉瓶花,根茎有尺余,每年开花,宛如白玉花瓶,可惜花期仅有数天。

秦伯未身居祖屋,静思人生过往,不由感慨万千,特意在故居楼梯头写了一句座右铭:“无可无而不可无。”成语“无可无不可”,表示怎样办都行,没有主见,而秦伯未认为:“无可无”是指对待钱财等身外之物,不必患得患失;“不无可”是指道德、学问等是人生至关重要的东西,绝不能丢失。

1946 年,重新修订的《陈行秦氏支谱》正式刊行。

归葬故土

秦伯未毕生致力于中医教育和临床实践,从医 50 余年,著述颇丰,为当代中医学术的发展做出了贡献。凡经史子集、诸家医典、诗词歌赋、琴棋书

画，无所不涉，人称其医、诗、书、画、金石为“五绝”。

然而，在“文化大革命”动乱中，他被冠上“学术权威”的帽子，在北京中医学院第一个被“打倒”，惨遭批判，家属被勒令返回原籍。1967 年 7 月，他突患大叶性肺炎，高烧咯血，后又被诊断为肺癌。

1970 年 1 月 27 日晚，秦伯未在北京中医学院附属东直门医院内科病房去世，享年 69 岁。家属按其生前意愿，将其骨灰运于故乡，悄悄归葬于诒谷堂宅院隙地。

1973 年，北京中医学院为秦伯未恢复名誉。1978 年 9 月 8 日下午 3 时，在北京八宝山殡仪馆补开秦伯未追悼大会。目前，装有其遗物的骨灰盒存放在北京八宝山革命公墓。

秦伯未工作照

蔡钓徒闯荡上海滩

蔡钓徒(1904—1938),本名蔡安福,乳名安宝,字履之,陈行镇西街(今属浦锦街道)人。1919年,就读于上海县立闵行初级师范学校,后入闵行农业专科学校。1923年,先后考入上海私立震旦大学、大同大学。肄业后,在江苏省立第二师范学校分校(1932年改称"黄渡乡村师范学校")任教。

特立独行

蔡钓徒

蔡钓徒喜欢舞文弄墨,思路敏捷,时常给上海滩的休闲报刊投稿,结识了不少文化人。

1925年春,年仅21岁的蔡钓徒决意到上海城区闯一番事业。他在浙江路九江路口租了住房,创办三日刊小报,因自己属龙而为之取名《龙报》,自任主编,专请画家张大千题眉。次年,因经营困难,被迫停刊。娶李佩文为妻,两人志同道合,决心携手闯天下。

1928 年 1 月 23 日，蔡钓徒在南市翁家弄创办《礼拜六》期刊。他个性耿介，敢说敢干，借助休闲阵地，公开揭露社会黑暗和官场腐败。结果，遭到警察当局拘押审查，幸有同乡好友丁仁科出面保释。1929 年初，他遭龙华淞沪司令部逮捕关押，又由丁仁科设法保释，免除劫难。

不久，蔡钓徒进入《新闻夜报》社，在著名报人严独鹤手下做编辑，发表文章常自署“海上钓徒”，因此人们不叫其本名而称其“蔡钓徒”。

1931 年，蔡钓徒出任浦东同乡会常务理事，由此得到青帮头子杜月笙的庇护。他擅长交际，娴于应酬，交往甚广，被称作上海滩出名的“文化白相人”。其实，这些仅是他为了闯荡上海滩而借用的“外衣”。

1934 年 3 月，蔡钓徒重起炉灶，在福州路望平街（今山东中路段）东华里南洋广告公司内，租了张办公桌，自行创办《社会晚报》。几经周折，逐渐打开销路。他还几番经商，探寻用武之地。

1936 年 4 月，蔡钓徒所著长篇言情小说《花落瀛洲》由社会书局出版发行。

蔡钓徒热衷为家乡办实事，为建造浦东同乡会大楼四处奔波，广受好评。1936 年 11 月，他主编了《浦东同乡会会所落成纪念特刊》。

《花落瀛洲》封面

结识地下党员

当时，蔡钓徒居住在法租界蒲柏路赓余里（今太仓路 239 弄）7 号。当初在黄渡相识的盛慕莱(1908—1949,学名盛毓琳,黄渡镇人,是电影《51号兵站》中“小老大”的人物原型)请他帮忙找住房,他就介绍了隔壁5号的房子,两人遂成了邻居。

1934年,26岁的盛慕莱担任黄渡镇镇长,其实他是中共地下党联络员。他的妹夫蔡志伦(1913—1952),又名蔡辉、蔡悲鸿,江苏省盐城市滨海县新港乡人,也曾就读于黄渡乡村师范(因闹学潮遭开除),1932年从新陆师范毕业后,担任川沙民众教育馆馆长,因开展革命活动被免职,遂去上海从事工人运动,1933年正式加入共产党。1936年,蔡志伦因出版秘密刊物《求生》而被法租界当局逮捕,判刑一年。此时他刚出狱,需要荫蔽住处。于是,盛慕莱请蔡钧徒帮忙,让蔡志伦借宿在他的住处。

由此,蔡钧徒结识了蔡志伦。两人坦诚交往,结为知己,建立了单线联系。蔡志伦经常借用蔡钧徒的汽车和电话。蔡钧徒受其影响,更明白了人生价值。

1937年冬,蔡志伦到浦东组建“浦东抗日救国宣传团”,并任团长。

1938年,蔡志伦在苏北担任江南抗日义勇军干部,通过盛慕莱联络,在上海采购物资,秘密运往苏、常、太抗日根据地。受盛慕莱之托,蔡钧徒经常为苏北新四军办事、购物。

办报“三不怕”

1937年11月上海沦陷后,蔡钧徒不顾日方的压力和流氓张啸林的再三训斥,坚持爱国立场,他亲自负责新闻版面,将里版副刊小品委托好友姚森和王定元主持。为了深入报道上海各界人士抗日救亡活动,他坚持“三不怕”:一不怕坐牢,二不怕罚金钱,三不怕“吃生活”。《社会晚报》在大量广告的遮掩下,连续报道“谢晋元和八百壮士”退守沪西孤军营坚持抗日的详细情况。许多商家特地将广告送来刊登,以示支持。

12月15日,蔡钧徒又创办《社会晚报晨刊》(12月18日更名为《社会朝报》,一周后更名为《社会晨报》)。印刷厂来不及印刷,就委托《中华日报》

代印，每天一早一晚，报纸风靡上海滩，发行量狂增到2.5万多份。

1938年1月，日本特务机关指使汉奸组织“东亚黄道和平会”头子常玉清胁迫《社会晚报》《社会晨报》停刊。1月25日夜间，《社会晚报》报社遭手榴弹袭击，蔡钓徒还接到威胁电话，但他仍坚持“三不怕”。

蔡钓徒

于是，日本特务机关向“黄道会”杨家驹发出指令，设法将蔡钓徒带往虹口的新亚饭店，而黄道会骨干秦锡康的骈妇正好居住在蔡钓徒赓余里住处隔壁，其二房东王振祥以及秦锡康本人都与蔡钓徒熟识。经过王振祥的居中牵线，2月3日（农历正月初四）杨家驹以介绍蔡钓徒加入黄道会、设法缓解日方对《社会晚报》的压迫为名，将其骗往北四川路新亚大酒店赴宴。在那里，蔡钓徒惨遭日本特务许斐暗杀，时年仅34岁。

2月6日，蔡钓徒的头颅被悬挂在法租界总巡捕房附近萨坡赛路（今淡水路）口的电线杆上，还附有“斩奸状”声称“请看抗日分子结果，各报馆主笔论以上语言，照此对待”，一时舆论大哗。

2月8日，《申报》刊出“中央社上海通电”揭露了事实真相，全文如下：

法租界顷发现一尸身，身首异处，兹悉被害者系《社会晚报》经理（蔡钓徒），头上贴有纸条，纸上有“恐怖派”字样，并谓“余等以断然手段对付死者,望其他中文报纸主笔,知所警惕”。按:《社会晚报》前被日方禁止发行,近该报与日方交涉,企图重行出版。消息传出后,上月27日即有人掷弹于报馆内,并有人由电话警告经理,如继续与日方交涉,则将以最后手段对付,惟该经理显然置之不理,致肇此祸。

1952年,苏南行政公署通过查证,追认蔡钧徒为革命烈士,安葬其于陈行村七组家乡地。

蔡钧徒夫人李佩文(1930年)

黄浦江秘密交通线

选址建站

1945 年年初，为突破黄浦江两岸日伪军的防守，确保淞沪游击支队主力部队渡江西进，支队长顾复生（1900—1995，青浦县人，时任淞沪地区行政专员）决定开辟黄浦江秘密交通线，把浦东和浦西的抗日游击区串联起来。据顾复生回忆录记载，起因是在浦东奋战的顾复生遇见了浦西老伯陈金生。陈金生本是浦东人，因生活所迫，携妻带子到浦西谋生，在莘庄西河浜沿路搭了两间草屋，开了间小茶馆，兼营烟酒糕饼，经常受到打着“忠义救国军”旗号的“小赤佬”欺诈。为此，他到处寻找“顾复生部队”，请求为民除害。顾复生深切理解陈老伯的呼声，但是浦东浦西隔着黄浦江，来去打游击困难重重。这一想法，促成了开辟水上交通线的战略意图。

顾复生决定将此项重要任务交给家住黄浦江畔的赵铎心。赵铎心（1919—1947），杜行乡赵家村（今勤俭村四组）人，1942 年 3 月加入中国共产党，时任中共路北区委委员。

于是，赵铎心返乡，去找战友张厚生（1906—2002，杜行乡张家店，今新华村人）。1942 年 7 月，张厚生由赵铎心介绍加入中国共产党，长期保持着单线联系，此时的公开身份依然是伪杜行乡公所催征吏（征收赋税的吏役）。

当时,黄浦江上时有日寇军舰和巡逻艇出没,要在敌、伪、顽势力的眼皮底下过江,风险极大。赵铎心与张厚生在黄浦江边进行实地考察,经过反复比较,最终选定塘口镇东南沈庄塘出口处(今勤俭村九组)为浦东渡口,塘口镇对岸交通便捷的车沟港入口处为浦西渡口。为了确保万无一失,对他人故意说是在杜行之南、闸港之北过江,造成假象,连不少党内同志也说不清准确位置。

随后,赵铎心在沈庄塘出口的南范宅附近择定几间小屋,秘密建立"浦边交通站",并委派张厚生担任交通站站长(仍以伪催征吏身份为掩护)。

张厚生经几番考察,选定知根知底的本地农民赵金根、王根铨、王林松等轮流担任船夫。

实地探路

为了摸清浦江两岸敌情的虚实,赵铎心决定派专人进行实地侦察,再确定交通路线走向。张厚生选中常年走乡的箍桶匠曹火金为浦西向导员,他对浦西乡间小道极为熟悉,夜行不会迷路。

1945 年 2 月 12 日,正值除夕之夜,家家户户闭门"过年"。顾复生派来了余恨生和两名短枪班战士,跟随曹火金到浦西去实地探路。赵铎心让张厚生及船夫赵金根护送他们过江。因天寒地冻,摸黑行走时张厚生摔了一跤,手掌被芦苇根戳破,回到家中妻子发现其受伤,追问缘由,他滴水未漏。

曹火金肩担箍桶担,余恨生和短枪班战士便装相随,在浦西兜了一圈。回来向赵铎心汇报情况。他们发现在浦西车沟港登岸后,穿过公路,经乡间小道可直达颛桥镇外围。颛桥镇上的伪警察局内有 20 支枪,只要避开沪闵公路的伪警哨所,向北可达春申庙,再向北靠近莘庄是沪杭铁路,有竹篱笆封锁线,那里有一个两层楼的碉堡,但无人驻守,避开日伪军巡逻队,将竹篱笆拉开口子,穿过铁路可直奔莘庄镇北的西河浜,即浦西秘密交通站。

于是,赵铎心确定了交通线路和接应方式,由吴金根担任浦东境内向导员(平日务农,空闲时以扎纸为业,身强力壮,胆大心细,善于摸黑夜行),张

厚生负责安排船只护送渡江，曹火金担任浦西地段向导员，负责送达莘庄西河浜陈金生老伯的小茶馆。随后，由西河浜交通员张复兴等接应，护送西行，转交青东地区向导员。

元宵夜渡

1945 年 2 月 27 日，是农历正月十五元宵节，身陷日寇铁蹄之下，乡人没有“闹元宵”的心境。入夜之后，乡村四野一片寂静，唯有几个调皮的孩童在燎烧“地蚕”（茅柴），哼唱“大家好，大家好”的山歌。

夜幕下，赵铎心和曹火金引导顾复生及先遣部队疾步来到“浦边交通站”。据顾复生所撰回忆录《红旗十月满天飞》记载：一共来了四十三人，除顾复生和两名警卫员外，有两个短枪班二十人，新参军的十八个上海工人，携带驳壳枪二十三支，手榴弹一百十六枚。他对赵铎心说：“我是浦西青浦凤溪人，撤到浦东打游击，一晃已经五年了。今夜西渡黄浦江回家乡，令人激动！”

这次过江人多，张厚生准备了三条船。赵铎心亲自护送，曹火金打探引路。他们在沈庄塘渡口下船过江。

此时，两岸寂静无声，江面风和浪平。在水光月色之中，顾复生不无感慨地对赵铎心说：“人们都说八月十五月光明，哪知正月十五的月亮也是光明的。”船夫指着江面上的一个庞然大物说：“那是日军兵舰，泊在那里好几天了。”顾复生问：“会有巡逻艇吗？”船夫说：“有时会有，我有办法对付它！”

他们在浦西车沟港渡口上岸，快速越过公路，直奔颛桥镇东。正转向赶往春申庙时，听到有人吹着口哨夜行。顾复生当即认定：“这是个胆小鬼！”短枪班将其抓来一审，果然是个伪警察。顾复生问：“你年纪轻轻，为啥做汉奸？”伪警察浑身发抖，回答：“一家老小要吃饭，实在无办法。”问：“警察局有多少支枪？”答：“20 支。”“前面是啥地方？”“朝西是松江，朝南是闵行，朝北是莘庄。”赵铎心命令：“你带路，朝北！”伪警察乖乖地带路而行。走到沪杭铁路竹篱笆边，伪警察讲往前走不识路了。顾复生严厉地说：“回去告诉你们局长,我们是新四军,以后经常会过来活动,叫他不要自找麻烦,留条后路!"伪警察连声回答:"我懂,我懂!"他将竹篱笆拉开口子,让部队过去后,把篱笆拉好,吹着口哨走了。

来到西河浜,赵铎心敲开了陈金生老伯小茶馆的门。陈金生早已联系青东地区交通员在此会师。陈金生兴奋地将小店内的香烟糖果堆了一桌,让大家分享庆贺。

第二天,顾复生一行穿过青沪公路,于 3 月 1 日晚上安全抵达观音堂东面的横泾村。赵铎心放心地返回浦东。

挫败阴谋

1945 年 4 月 5 日(农历二月二十三日清明节)夜,中共淞沪地委书记兼军分区政治委员陈伟达(1916—1990)、新四军浙东游击纵队淞沪支队队长朱亚民(1916—2012,又名诸亚名)率"泰山""华山""衡山"三个大队 585 人要过江。张厚生组织了五艘渡船,半夜摸黑启程,将他们送到西河浜时天光已亮。

5 月 9 日(农历三月二十八日)夜,又护送淞沪支队第三批人员和军饷、弹药过江,安全向青浦转移。

这条秘密交通线就此开通后,黄浦江两岸的交通员密切配合,频繁地传递党内文书,护送或接应联络员过江,一切顺利。赵铎心不放心,日长时久,难免会走漏风声,因此一再叮嘱相关人员处处留神。

1945 年初夏的一天夜里,有七八个身穿便衣、腰挂短枪、手持电筒的人突然闯进张厚生家中,说是"我们与赵铎心一起干的,今夜有任务,请安排住宿"。张厚生知道,赵铎心已经改名孙平心,彼此早有约定,因此这帮人一开口就露了马脚。张厚生沉着应对说:"赵铎心与我虽无深交,但总是同乡人,照理应当帮个忙,不过传出去,真叫我难做人了。我可以指点住宿的地方,你们直接去打交道。"这帮人无可奈何地走了。而张厚生明白,他们还会再来试探,于是准备了解脱的方法。

几天后，这帮驻扎在召稼楼的伪军又来了。张厚生以伪催征吏的身份声称“赵铎心叫你们到此地来活动，使我难做人，没有办法，托你们给他带封信去，希望他谨慎行事”。这帮人拿了张厚生事先准备好的信走了，从此不再来了。

抗日战争胜利之初，这里成为新四军浙东部队北撤时的重要通道，中共浙东区委书记谭启龙、司令员何克希、副司令员张翼翔等先后带队在此过江，并对“浦边交通站”的出色工作给予赞扬。

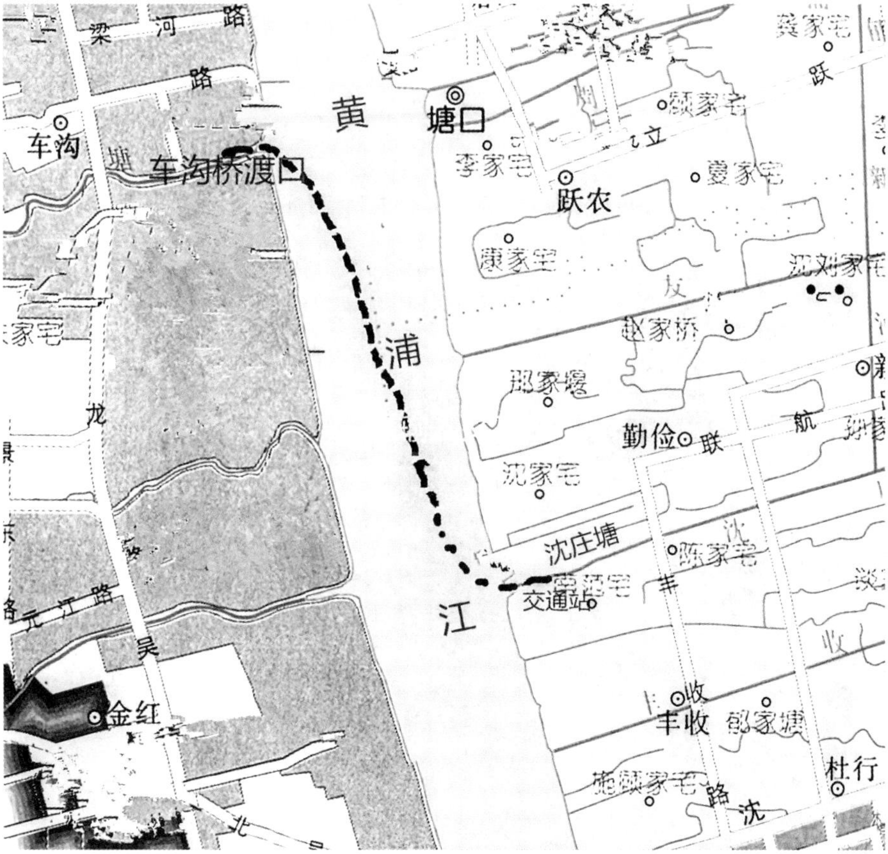

秘密交通线示意地图

传奇作家火雪明

火雪明(1906—1982),笔名虬庵,苏民村董沥庙(今苏民村十四组)人。祖辈在乡务农,少年随父亲火杏余迁居陈行老街,学做"看布"(验布)生意。1920年,浦东中学肄业,以第一名成绩考进上海正利银行当职员。两年后,到上海面粉交易所任职。受同乡友邻秦锡田的关照,寄居于上海城隍庙,工余时自学书法、写作。1924年起,在上海报刊发表文学作品,是闸北鸿兴坊75号世界语学会的常客。1926年,第一部小说散文集《处女梦》由群众图书公司出版。次年,又由青春文学出版社出版了短篇小说集《蛤蟆》。

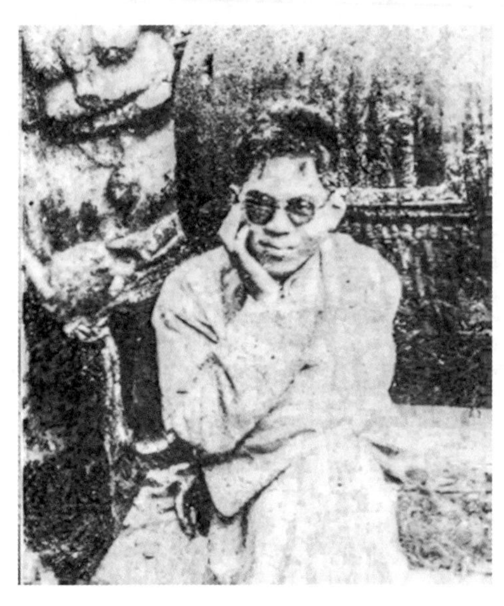

火雪明

1927年11月,遭受火灾的上海城隍庙大殿终于重建竣工。为了配合城隍庙重建落成开光活动,火雪明应时任城隍庙董事会会长的秦锡田召唤,发挥所长，突击编写了通俗读物《上海城隍庙》，首次全面介绍上海城隍庙的历史沿革、文献考证、俗习杂记等，尤其是用心撰写了《城隍神之考证》一文，对秦裕伯生平做了详细介绍。书稿脱稿后，即交付印刷所排印，不料部分稿子被邮局遗失，火雪明只得重新编写。赶在 1928 年年初，《上海城隍庙》终由青春文学社出版发行，初版印了上万册，很快就销完了。火雪明即增添内容，改进装订，于 4 月 19 日出版发行第二版。

上海城隍庙

1930 年 1 月，火雪明的短篇小说集《鹅》由海风文学出版社出版，后数次再版。1931 年，他推荐巴金的长篇小说《激流》（后更名《家》）在上海《时报》连载，使巴金一举成名。

1932 年“一·二八”淞沪抗战爆发后，火雪明与邓散木、沈佚刘等诗友组织文学团体“哭社”，以歌哭时事，针砭薄俗。

1934 年，火雪明第一部长篇小说《薏》出版。

1935 年夏，因秦锡燧年仅 36 岁却暴病去世，邑庙董事会安排火雪明接任城隍庙董事会办事处主任。《不倒翁》《辣椒与橄榄》《苍黄的落日》等作品也相继出版。

抗日战争前后，火雪明在城隍庙大殿二楼寓居了十多年。其间，他经常在报刊上发表文章，为城隍庙造势，为读者解疑。1939 年 12 月至 1941 年 2 月，他在《上海生活》杂志以《上海城隍庙》为题连载了 15 篇长文，详细全面地介绍上海城隍庙的历史和现状，好友叹称其为上海滩最称职的“城隍庙老土地”。

1934 年，火雪明在陈行老镇北部（陈行村八组 12 号）建造了仿石库门的宅院，围墙高 5.5 米，仪门为“石箍门”仿石库门，二进砖木结构，一进为四开间二层楼房，客堂间宽 21 豁，进深 8 米，二进为四间平房，进深六界，有游廊连接，东西两侧各有小厢房。前后两只天井。老屋幸存至今。

火雪明所建老屋

后来，火雪明供职于城区南市的米市，淡出文坛。1954 年后，他在银行业工作。1982 年 4 月 25 日，在家病逝，享年 76 岁。

陈行双梓枯了

2012 年年底,陈行关帝庙被拆后,留下的两株梓树随之枯了。

当年,这两株梓树冠幅舒展,叶片阔大,盛开紫花,为陈行老街西首的地标。秦荣光《上海县竹枝词》介绍陈行镇时称:“一条大木跨塘桥,碑记眠桅雍正朝。双梓参天庙庭立,门前八月咽灵潮。”因此,这梓树在历代陈行人心中是神圣之物,乡人引以自豪,自喻梓乡。名士秦锡田曾自署“双梓村人”,著作取名《梓乡丛录》。著名电影演员秦怡自称是“秦城隍后代”,曾专程到陈行镇上寻祖,见到这两株梓树即认定“终于寻到根了”。2003 年时因为保护不当,双梓险些枯死。管理部门将封住梓树根部的水泥清除后,古树重获生机。

如今,陈行关帝庙已不可再生了,这个地块终将被开发。但是,这里的人文历史会永远留在人们的心中。因为,胡祖德曾撰有《陈行关帝庙记》,全文如下:

大凡庙宇之设,只供地方人民之祈祷耳。独我陈行市西之武庙,实与各善、公相维系焉。庙东营基,建警察所,庙北公田,建汇善堂,设小学校,筑学校园,立先哲铜像以及种种设施,岂非德不孤立,必以类聚哉。庙不知创自何年,殿前阶石有“顺治甲午重修”字,当必建自前明矣。前后凡三进，中为厅事，供关帝及关平、周仓诸像。清道光之际，屋垂倾圮，里人新之，改厅为堂、时先王父绳仲公，独助砧甃，即今人政一堂也。嗣移帝像于后殿，虚其中为会文议事之地。咸丰十年(1860)，殿与像毁于兵燹，乃重塑像而供于堂。堂后双梓，虽经火而半蚀，至今犹上矗云霄矣。同治十二年(1873)，住持僧宝莲，募捐重建，秦温毅先生撰启，经理者秦董冬余也。期年落成，殿益高峻，像复旧位。时水木工食，日仅百五十文，犹以费绌而窗壁缺如。适光绪初，温毅先生添置粉壁、地平、香几、暖阁，规模初备。惟山门毁陋，东半尤一片瓦砾。十五年己丑(1889)，祖德随先生亲往四乡募建。祖德之办地方公益，自此始。山门东西，加宽数椽，气象一新。前有照墙，中嵌《粮艘眠桅碑记》。地为潮啮，遂毁其墙，而移碑于山门内。东有古井，湮塞已久，浚深之，而围以墙，墙内略莳花木，中嵌四字，曰“无波静境”，里人秦介侯太史手笔也。墙西筑惜字藏，藏先在照墙之阴，上有坫匾，篆刻“字藏”二字，附记“乾隆三十八年造”，今仍其旧，以存古迹。十七年辛卯(1891)，增塑阎王、东岳、三官、文昌、雷祖、地藏王诸像。并请上、南、川人士之能书者，各为联额以章之。庙后临水，无隙地。民国六年筑驳岸，建水榭，三面临池，东西绕以廊，北通校舍。每至暑期，“容与会”会员暨上海少年宣讲团员，于此化装演讲焉。西廊外银杏一株，老干参天，旁有僧冢，筑亭于上，名曰“迎帆”。下叠湖石为山，南围花墙，与校园西墙相连接。墙外行人恒就花洞而窥园景，园内远近风景，尽收于一览之中。南辟一门，孔君志怡额曰“西园”，命犹子令谷书之。九年庚申(1920)裁缝业、水木业醵资各建公会之所，请祖德总其成而弥补其缺款，乃于庙西南隅建楼两楹，后为轩辕殿，前为鲁班阁，上供神像，下为晏会之室，内与庙通，而另辟正门，于是开局亦堂皇矣。十三年甲子(1924)卢齐战争，溃兵四扰，地方为预防计，设水警局于此，与陆警相联络，以资镇慑。是庙也，襄者结文社于斯，保甲团防于斯，浚河平粜发赈亦于斯。近廿年来，我市贸易日盛，凡桥梁街衢阛阓，均改旧观。将来成立商会，设立医院及其他消防诸事，胥

于庙为利，用卜进行也。祖德四十年来，颇费心力财力，不禁拭目俟之。

文中将陈行关帝庙的沿革和特色表述得清清楚楚，这里汇聚了历代陈行人的智慧和力量，尤为重要的是这里早已不仅仅是一座寺庙，更是近代陈行人领风气之先的社会转型的典型之作，也是数代陈行人的精神家园。

可惜上海解放后，关帝庙及西园原有的功能未被延续，后改作陈行粮管所用房。“文化大革命”后，这里长期闲置。

鉴于陈行关帝庙是聚集着当地历史人文的传统建筑，又完好地保存着数方记载地方历史的重要刻碑，因此文化部门十分重视。2004 年，这里被公布为上海市第一批文物保护点。可惜，因长期无人维护，关帝庙日趋破败。2009 年，当地居民向《新闻晚报》投书反映后，媒体刊发了《市民盼“拯救”陈

陈行关帝庙旧貌

行关帝庙》的报道,希望有关管理部门能够引起重视,进行保护维修。有关管理部门认为,关帝庙虽是"文物普查登录点",但是所在地块已由政府出让给开发商,其去留有待论证。这时,这里发生"非法烧香活动","考虑到陈行关帝庙存在较大的安全隐患",2012 年 12 月 30 日,相关部门下令将关帝庙拆除。

《上海县志》明确记载,为了留存历史记忆,缅怀先贤功德,陈行人将《上邑七图免役周浦塘碑记》《陈行市改建度民桥募捐启》《创建度民桥记碑》等刻碑恭敬地嵌立在陈行关帝庙的墙中。"免役周浦塘""创建度民桥"是浦东地区重大历史事件,而这些刻碑是刻在石头上的档案,但就在双梓枯萎之际,它们莫名地失踪了。

所幸的是,闵行区博物馆查到了一块建桥募捐记刻碑,已入馆收藏。陈行关帝庙门两侧顶部的"待月""候潮"两方砖刻也早已被博物馆收藏。

第三章 风物遗存

陈行秦氏诒谷堂

2010 年 7 月陈行老街东段

陈行老街古宅院

胡氏三寿堂宅院

胡氏三寿堂宅院，位于陈行老街陈行村一组 71 号。建筑总面积达 5 000 平方米，在当今闵行地区同类建筑中面积最大保存最为完好。其风格既有徽派传统韵味，更显中西合璧之妙，极具代表性。

三寿堂宅院建于清光绪二十六年(1900)前后。原为五进式院落，如今保留前三进，以及仪门、前院等重要部分。家宅的最后一进原为“后客堂”，已被一幢新式楼房取代。

传统的华丽仪门门额，有砖刻“驾龙乘凤”四字，两侧的天竺仍结满赤色的小果球。庭院围墙上嵌有一个个绿琉璃镂空花窗。

三进宅院中，面积达 80 平方米的首进厅堂最为气派，名为“三寿堂”，由清咸丰年间状元、光绪皇帝导师孙家鼐(字燮臣)题写，堂匾至今幸存。房梁、立柱等处可以看到雕刻。幸存有汪大经(1741—1809，字书年，号秋白)书写的木刻抱柱联。堂前长窗木雕裙板上刻着“鹤驾祥云”“梅兰竹菊”“琴棋书画”图，门腰上刻着“八仙过海”图，十分精致。门格上还镶嵌着彩色玻璃。彩色玻璃都是从国外进口的，当时买一块三尺见方玻璃的钱，可以造 5 间平房。

二进厅堂名为“惟勤堂”，由同治十三年进士赵宗鼎（字嵩丞，号韵笙）题写，堂匾至今幸存。赵宗鼎与胡家是姻亲。

二进庭院和三进庭院，均保存完整。周围更有用牡蛎做成的蛎壳窗。由于年代久远，不少已蒙上黄渍，但几乎完整无缺。

胡氏三寿堂宅院最初的主人是陈行胡氏十世孙胡勋大（字蓼庄，国学士）和胡能谱（字树堂，号琴甫，1912 年任陈行乡议事会议员）。胡勋大的父亲胡迪吉（1810—1852）经营胡信成米行，家境富裕。胡能谱生子胡铭新（字味辛）和胡又新（字耕莘，号元裳）。因胡又新 27 岁暴病早逝，三寿堂宅院由胡铭新儿子胡醉楼（字巨木，号其桧，1911 年生）独享。

胡醉楼从小去杭州药房当学徒，后在上海蓬莱医院（沪南医院）学医。抗日战争期间，回乡经营胡信成店铺。后赴上海一家医院任药剂师。也许因他仅是医务人员，并非大财主，故宅院始终没有被视为“浮财”而充公。步入晚年后，胡醉楼回乡静守在古宅内，直至 2004 年 2 月终老，享年 92 岁。胡醉楼生独子胡振庭，因此没有分立门户。

这高墙深院平时人迹罕见，长期闭门谢客，1950 年以来静静地隐没在陈行老街的深处，直到 2009 年开展第三次全国文物普查时，这座古建筑才被重新发现，一时轰动新闻媒体。2009 年 8 月 6 日，被闵行区政府公布为文物保护单位。

三寿堂匾

胡信义商号宅院

胡信义商号宅院，位于陈行中街46号（今徐凌村一组86号），当地人称其为“胡信义米行”。东邻秦氏诒谷堂和敬简堂，西为胡氏三寿堂，对门为孔祥百住宅。

胡信义米行由陈行胡氏九世孙胡迪训（1831—1886，字圯云，国学生）创办经营，传其子胡伦大（名忠雄，字荔卿）。1910年前，胡伦大之子胡能让（字楠生）在米行店铺后新建二进三层楼房作为生活区，时为全镇最高楼。

民国元年（1912），胡能让任陈行乡议事会议员。1924年，再次任乡议员。民国初期，米行兼做当地首个邮政代办点。抗日战争爆发后，主人弃店躲到上海城区避难。米店房屋被日伪军占据。抗日战争胜利后，主人将店铺转交连顺昌经营。1946年，店内安装电话交换机，使本镇通上了电话。1950年，房屋由地方政府接受，改作公用，曾做陈行小学、陈行初级中学校舍、生产合作社等用途，多有局部改建和毁损。

胡能让有胞弟胡能守，生儿子胡汉文（1905年生，1935年留学美国，归国后曾主持全国粮仓及青岛港建设，历任华东交通专科学校、同济大学、浙江大学教授）、胡汉章。

目前宅院主楼幸存，已被列为闵行区文物保护点。

秦氏玉涵堂宅院

秦氏玉涵堂宅院，位于陈行中街64号（今陈行村一组76号）。

秦观二十二世孙（即秦钺迁入陈行后的八世孙）秦梦鹤（又名大鹏，字飞万，号羽卿）在家苦读，17岁考入松江府学成了秀才。当时横沔鹤滩的祝尔和是富豪，愿将爱女许配给他，要他入赘祝家，而秦梦鹤“不恋豪门恋故乡”，将旧屋让给兄弟，自购杨姓宅地辟建新宅，称玉涵堂（堂名本为“涵玉”，因

玉涵堂大厅的楹联

“匠人误置”而将错作真)。玉涵堂仪门匾额为“箕裘永绍”(意为子承父业,延续不绝)。秦梦鹤有子秦延燮、秦延型、秦延简。秦延燮有子秦诵莪,购吴宅另建居赞堂(后称“养真堂”)。秦延型续建玉涵堂,生儿子秦始翰、秦始詹、秦始科、秦始道。

秦梦鹤生于清乾隆二十一年(1756)十月,殁于嘉庆十七年(1812)八月,卒年 57 岁。依此推算,玉涵堂始建于 1800 年之前,续建于 1820 年前后。秦氏后裔至今珍藏着玉涵堂大厅的楹联:“得天最厚秦松汉柏,于物为古夏鼎商盘。”此联由道光年间诸生曹耀翔(字桐华)题写。

秦氏玉涵堂宅院已被列为闵行区文物保护点。

秦氏玉涵堂宅院

秦氏诒谷堂宅院

秦氏“诒谷堂”始建于光绪六年(1880)前后,宅院坐北面南,有面阔五间的二进建筑,天井内植有玉瓶花等名贵花木,西厢房定名为“玉瓶花馆”。一进为二层楼,底层正间为厅堂,堂门为彩色玻璃格子门窗。二进为一层平房。

2009 年 8 月 6 日,秦氏诒谷堂旧址暨秦伯未故居被列为闵行区文物保护单位。

诒谷堂厅堂

秦锡芝宅院

秦锡芝宅院,位于陈行村一组 97-112 号。

秦锡芝,初名锡瑄,字葭春,秦荣光三子。县学生员,屡试不第,未能求得功名,但当地人尊称其为“三老爷”。光绪二十九年(1903)5 月至 11 月,奉父亲之命赴日本弘文速成师范进修。归国后,长期在学校执教。民国十三年(1924)八月,被公推为陈行乡议事会副议长。次年,负责建造秦氏宗祠堂屋工程。有儿子秦之瀛、秦之金。

宅院建于清末民初。现存仪门较完整。二层楼房,有天井。已被列为闵行区文物保护点。

近浦村经典建筑

张家楼房

浦锦街道近浦村六组61、62号(许家桥西宅,西靠黄浦江)的张家楼房,清同治元年(1862)由张叙春始建,取名“仁德堂”。1936年由张坤生重建成楼房,2003年后重修。这座砖木结构二层建筑坐北面南,底平面呈长方形,正面阔五开间,进深六界,青灰小瓦硬山顶,占地面积约179平方米。张家楼

张家楼房

房并不豪华张扬，却处处体现出主人不同一般的生活情趣。在底楼木门板上部穿透花窗内镶有“福、寿”字样，手法巧妙，引人注目。二楼正面为木结构长廊，围有花式木护栏，在本地乡村中罕见。楼房外，绿化装点得颇为优雅。

张家楼房至今仍得以完整保存，而且外观整洁亮丽，在村宅建筑群中显得个性鲜明。2009 年 8 月 6 日，由闵行区政府公布为文物保护单位。

张家楼房

丁家住宅

近浦村丁家住宅，位于浦锦街道近浦村二组14号、16号。始建于清嘉庆年间，一正两厢房七开间，进深六界，厢房有蠡壳窗，北墙有竹篱护墙，西半棣屋面有龙梢脊。已被列为闵行区级文物保护点。

丁家住宅

庞家宅南荫堂住宅群

庞家诵德堂住宅

芦胜村 8 组 14 号庞家诵德堂住宅，由庞氏十世祖庞允恭（字云槎）建于清光绪三十二年（1906），与三林镇临江村庞家宅是同一家族，统称为“庞兴隆”。诵德堂坐北朝南，面阔七开间，原是一座绞圈房，庭心宽大。

庞家诵德堂外墙

这里俗称“孙家里”，广泛流传着《六船老酒起新宅》的传说。当年，农妇孙继从闸港迁来，造了两间草屋，以割草养牛为生。一次偶然，与运酒船老板相识，获得认可，便做起卖酒生意。后来，她把草屋翻造为三埭进深的房子，取名“诵德堂”。如今，前埭西落檐间和东西前厢房缺损。已被列为闵行区文物保护点。

诵德堂正面外墙

庞家南荫堂住宅

芦胜村 7 组 41、42、47、48 号庞家南荫堂住宅，坐北朝南，为七开间大绞圈，前后有两埭，有房屋 22 间，庭心极其宽大，有近 200 平方米。墙门间有 15 豁椽子，客堂为 21 豁椽子。外围三面有竹戗篱护墙。现存客堂间、东西后厢房和后埭还很完整。第二进正屋厅堂梁架、额枋均有精细雕花。主脊梁上有“风窠”方胜和“平生三级”，刻有“五子登科状元及第”字样。后看枋上

庞家南荫堂屋面青瓦

雕的人物众多,其中“七人舞龙”的形象尤为难得。前埭的西落檐间和东西前厢房已缺损。2016 年 9 月,被闵行区政府列为闵行区文物保护点。因银都路越江隧道工程建设,2023 年南荫堂住宅整体迁移并修复。

庞氏南荫堂看枋木雕

康家师济堂住宅

芦胜村 9 组 28 号康家师济堂住宅,人称“康家里”,位于芦胜村最北部,与三林镇临江村仅隔三林塘港。原为绞圈式住宅,三面均有“竹戗篱”护墙。已被列为闵行区文物保护点。

康家师济堂住宅外墙

恒星桥

恒星村二组，村宅名“九思石桥”。数百年来，村里的九思石桥名扬八方，清乾隆《南汇县新志》记载“九思桥，跨中心河”。此桥始建于明崇祯十五年(1642)十二月，捐资建桥人为王福和王儒。此桥为三跨三拼立壁墩斜坡

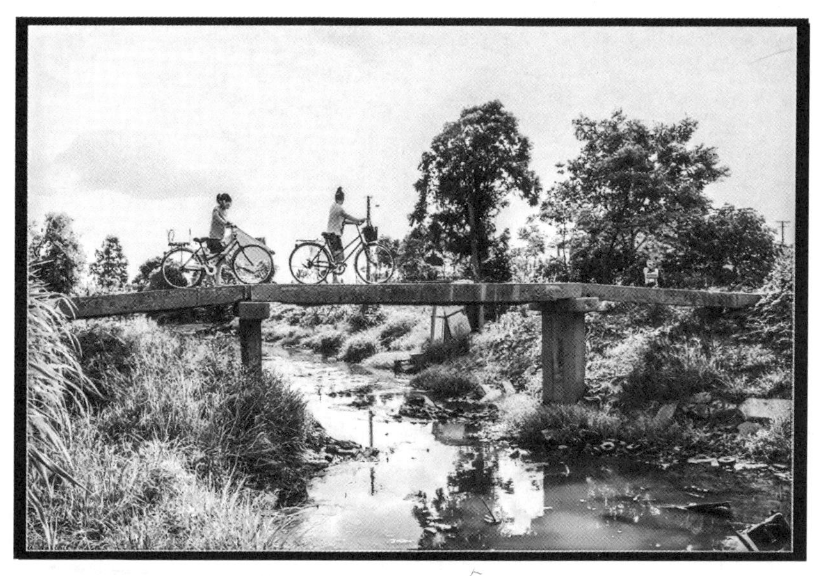

恒星桥

石板桥，本名“寿积桥”，而乡人习惯称其“九思石桥”，并有民间传说称他俩是明代知名文学家王九思（1468—1551，字敬夫，号渼陂，弘治九年进士）的孙子（未见史书记载）。

清乾隆四十年（1775），乡人重建寿积桥。民国甲子年（1924）桂月（农历八月），众人出资又重修。寿积桥经历代重修，桥面石已更换，是否始终建在最初的九思石桥原址，还有待考证。

1964 年 7 月，寿积桥再次重建时，因当地属恒星村，故在主跨桥面两侧刻上了“恒星桥”三字，从此更名。现存的恒星桥，南北向横跨中心河老河道，已被列为闵行区文物保护点。

庚新桥

庚新桥，是单跨双拼的平梁桥，呈南北走向，当地人称“西石桥”，位于近浦村九组 31 号、32 号、34 号宅前，跨车沟港老河道，总长 7.7 米，宽 1.1 米。桥身刻有桥名，并有铭文称“民国八年孟秋众善士募建”，1920 年竣工。桥梁

庚新桥

两端刻有暗八仙纹饰。

车沟港原本直通黄浦江，现今已淤塞严重，以致庚新桥北侧一半已成岸上，桥面只可算半跨了。目前石桥仍正常使用，已被列为闵行区文物保护点。

保安桥

保安桥，位于近浦村四组（李家宅）22、23号住宅后，跨车沟港，为清代单跨平板小石桥，当地人称“东石桥”。始建年代不详，清光绪二十六年（1900）重建，桥身刻有桥名。后又被重修，将桥墩改为砖砌水泥墩，东侧加了水泥梁，桥面铺满水泥，已改变石桥本来面目。现状基本完好，已被列为闵行区文物保护点。

保安桥

同圩桥

同圩桥，位于芦胜村八组境北端庞家宅，跨老三林塘南侧的一条无名支流。这里一向是陈行与三林的交界处。石桥建于民国年间，为三拼单跨平梁桥，呈东西走向，总长 7.08 米，宽 1.38 米。桥梁两端刻有花纹，面向南一侧刻有桥名。目前，河道已基本废弃，东侧桥座几乎全部被埋，北侧已经满铺水泥地面。2017 年 5 月 15 日，被列为闵行区文物保护点。

同圩桥

《上海陈行秦氏支谱》

明万历年间，有秦观（1049—1100，字少游、太虚，号淮海居士）十四世孙、秦良颢七代孙秦钺入赘到陈行镇附近的潘家宅（今属浦锦街道），成为陈行秦氏的始迁祖。秦钺生一子，名清。再传五代后，子孙繁多，人才辈出，家族逐步重新兴旺。

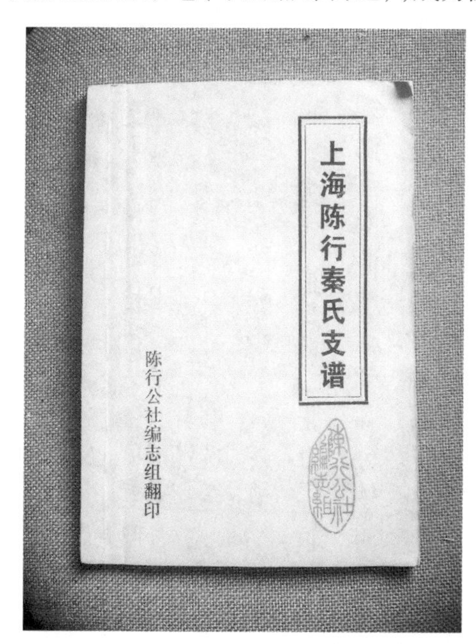

上海陈行秦氏支谱

《上海陈行秦氏支谱》由秦荣光（为秦观二十六世孙、秦裕伯十八世孙）创辑。1946 年，秦伯未重修，陈行秦氏公益公产管理会刊印，长 37 厘米，宽 26 厘米，仿宋体铅字印刷，封页以红色书面纸做成。内容分四卷。卷一世系门，记述一世祖秦观至二十八世人名、字、号，父名，排行，官职等。卷二传志门，选录族人传略二十二篇、墓志铭十篇。卷三祠墓门，收有宗祠记、祝文、祭祀仪节等十三篇。卷四文献门，其中著述类列出族人著作目录五十六条；还有金石类，列出碑记目录十七条；另为杂录类，收入与朝廷来往公文五篇、族人居住的地名考三篇。

1983 年 9 月，陈行公社编志组制作《上海陈行秦氏支谱（刻印本）》，并编绘秦氏世系表，附于谱后。

2018 年 4 月，秦大固等秦氏后人续修《上海陈行秦氏支谱》，并正式出版。《上海陈行秦氏支谱续稿》分四卷，卷一世系门，卷二传志门，卷三祠墓门，卷四文献门。

陈行《胡氏家乘》

民国初，陈行镇（今属浦锦街道）胡祖德编纂《胡氏家乘》，于 1918 年初刊印石印本。

胡氏支譜序
我族自徽州績溪遷上海之陳行市向
無譜牒族祖青坳公嘗草創於前清道
光時族伯屺雲公復增脩於同治年[illegible]傳
書某以配某氏傳某支而已其他紀載都
付闕如光緒初德與族祖錫山族伯魯巖
時相討論嘉慶以後近而易考乾隆以前

《胡氏支谱》书影

《胡氏家乘》汇集了不少书法名家的手迹。由国史馆纂修倪锡湛（字秀夫，号蠡篷，南汇人）撰序、伊秉绶之孙伊立勋为之书。胡祖德自序记录编纂因缘，由内阁中书吕景端（字幼舲号蛰盦）为之书。由西泠印社社长吴昌硕（初名俊，又名俊卿，字昌硕）题签，张祖翼（字逖先，号磊盦）隶书题扉，朱声树（字诚斋，奉贤人）题“胡氏宗祠图”，何维朴（字诗孙）、耿道冲（字伯齐，号斋贤）、李瑞清（字仲麟，号梅庵、清道人）、刘文玠（又名青，字照藜、介玉，号天台

山农)、汪克埙、周承忠、左孝同、郑孝胥等名家为之作书。

在《胡氏家乘》中,胡祖德就族谱纂修原则和编纂内容、体例、结构以及编修中基本问题等专列《凡例》一章,加以阐明,共有十四页,每页竖排六行,落款为"裔孙胡祖德谨撰,丁巳李婴谨书"。此处的李婴即是"弘一大师"李叔同(1880—1942,字息霜)。据李叔同《断食日志》所记,1916 年 12 月 25 日至 1917 年 1 月 11 日,他在杭州虎跑寺断食 18 天。断食后,自我感觉甚好,似脱胎换骨,焕然一新,便用老子"能婴儿乎"之意,更名为李婴。此《凡例》手稿,系李叔同断食后应邀所书。

《胡氏家乘》还收录了上海县学务公所项文瑞(字莲生)的文章,讲述其 1907 年 4 月赴陈行镇巡视胡氏宗祠和祠内办学的见闻。

《胡氏家乘》称,始迁祖胡少刚,明末由徽州绩溪迁至上海县陈行镇。谱存胡氏宗祠图、祠堂联、祭文、祭祠规则、建宗祠记、节妇传等资料。

沪谚·国家级非遗项目

“问俗闲翁”胡祖德

《沪谚》《沪谚外编》的编辑者胡祖德，上海县陈行镇人，祖籍安徽省绩溪县，是明万历年间徙居陈行镇的徽商胡少刚的十世孙。

清代晚期，在维新思想的推动下，胡祖德秉承师命，积极投身平民教育，提倡平民文化，慷慨地出让家屋，开办学堂，造就了一批地方人才。他主张“书生问俗”，自称“问俗闲翁”，编写了一系列乡土读物，以通俗而生动的内容开发民智。

胡祖德热爱乡土，终身未曾离开家乡，一向喜爱研读方志、史书，平时读书必有摘录，遇事必做记载。他特别留意地方掌故和民俗时尚，又遍访耆老，将先人轶事一一记载。他喜欢陈行地区独特的人文环境，尤其偏爱民间流传着无穷无尽的歌谣俚语、趣闻佳话。他看到，乡亲们在田头休息、场角纳凉、亲朋聚会时，喜欢以“俏皮话”和“谜谜子”逗趣；人们日常相处，遇事勾通、纠纷论理时，也是言必称“老古话讲”。因此，胡祖德十分喜欢“老古话”之理、“俏皮话”之趣，自幼饭后灯前，偕弟妹辈麇集一室，共猜俚谜，引为至乐。他从来不忌土气，反而引以为乐，爱自称“浦东大老倌”。而且，年轻时从事商业活动的经历，无论在实际生活当中还是在感情上，他更贴近民众。

民国初,有感于沪上胡氏自三百年前由徽州绩溪迁至陈行镇后,仅见“某公配某氏传某支”之简述,而未有胡氏族谱之系统记载述考之状况,为避免“闻见湮没弗彰”,“后之视今,犹今之视昔,悔可追欤”,于是收集整理胡氏本支各种旧稿,辑成《胡氏家乘》。

“平民文化”团队

在胡祖德的影响下,陈行地区先后有朱绳祖(字品三)、朱绳武(字敏侯,鹤坡塘人)、周岐凤(字佑初)、姚达成、孔吟余、周国霖、杜士英、张厚生等乡村青年教师积极投身于这场“书生问俗”运动,形成了一个“平民文化”团队。他们一边创办新式小学堂,一边协助开展平民教育,始终与当地民众相处在一起,十分熟悉当地民众的语言,也喜欢像胡祖德那样不忌土气,满口俗谚俚语。因此,他们成了胡祖德的主要帮手和平民教育的推广者。

这是一批对乡土民俗怀有特殊感情的年轻人,日后在家乡均有所作为。朱绳武 1902 年受镇上派遣赴日本宏文书院速成师范留学,返乡后任三林学堂教师,1908 年与朱绳祖创办鹤坡小学,1924 年担任陈行乡乡佐。周岐凤 1903 年也受派遣赴日本留学,归国后长期在陈行乡担任乡村教师,桃李满天下。

有了《松江俗语》

光绪二十六年(1900),胡祖德将收集到手的数百条本地俗谚俚语做了一番整理,抄录齐整,编辑成册,取名为《松江俗语》(当时陈行镇属上海县,上海县属松江府,因此称松江地区)。成书后,人们争相传阅抄录,异口同声均称好。

于是,胡祖德就托当地小学教师周岐凤组织人员将《松江俗语》大量抄写,并在乡间散发,让众人共享,《松江俗语》不胫而走,学童们纷纷前来索取,乡人阅后齐称此书实用性强,特别“配胃口”。

乡村秀才们由此感到,俗谚俚语具有特殊功能。对此切实加以整理、传播,胜过僵硬的书本知识传授,是乡村开发民智的有效手段。

胡祖德见一册手抄的《松江俗语》初试锋芒便旗开得胜,心中大喜。但是,他并不满足于此。他已经注意到,清代先后出现了王有光的《吴下谚联》、黄燮清的《吴谚集》、邵懿辰的《杭谚诗》等推介谚语的书籍,但是总感其条目数量、民俗色彩和地域风味等方面存在不足,而他自己搜集的当地俗谚与他们相比,绝不逊色。

于是,胡祖德更加有心地从乡亲们的口中发掘俗谚俚语,边收录边整理,长期坚持不懈。他曾一度客居上海城区,却甚感不适。当乡下有人进城去探望时,他不仅热情相待,而且非要闲聊一些风情掌故,并付三个铜板表示心意。同时,他还发动乡村秀才们走村访户,广泛收集、整理各类口头文学资料,多多益善。他静心梳理,从各种文献中探根寻源,对本地俗谚逐条加以注释。

胡祖德因连续主持造桥,累出了一场大病,身体日衰,不得不转为以编书为乐。经过十多年的积累,胡祖德收集和整理了1 000多条本地俗谚俚语,便有心要编印一册上海地区的谚语专集,扩大影响。

《沪谚》问世

民国三年(1914)冬季,胡祖德在十多年前自编的《松江俗语》的基础上,终于完成了扩展编写工作,谚语条目得以大量扩充,抄写工整,编排有序。装订成册后,全书分为上下两卷:上卷收录谚语、俗语,下卷收录民谣、谜歌以及方言、习俗等介绍文字。他首次以《沪谚》为书名,由地处上海棋盘街的著易堂书坊出版石印版木刻本公开发行。

《沪谚》初版时的作者署名为“筠桥漫录”,由此“筠桥”成为胡祖德的又一个字号。出版时,他特地在卷首刊登了刚被江苏省参议会选为中华民国第一届国会参议会议员的陈行老乡秦锡圭的来函,以壮声势。

初版《沪谚》汇编流传于清代晚期的本地俗谚俚语1 000多条，数量多于《吴谚集》和《杭谚诗》不止十倍，而且按诗韵四声排列，附入的格言凡古诗类似谚语者，均以白话文标注。同时，还收录了大量乡土歌谣、谜语以及本地方言注释，并附有《松江府属历代建置图》《松江府属乡保市镇图》等七幅地图，内容十分丰富，可读性极强。

胡祖德的《沪谚》就此成为世上最早成书的上海乡土谚语专集，上市后即受到读者的欢迎，成为上海滩畅销读物。陈行地区更是引以自豪，家家户户都会藏有一册。胡祖德看到在贫困的中国，能上学的终究是少数人，一般农民大多为贫困所迫而失学，要造就"我爱国之大国民"，就不能忽视他们。他在《沪谚》"自叙"中写道："世界之人，智者少而愚者多，雅者少而俗者多，通文者少而俭腹者多，士类少而工商多。然则，欲求农工商界之愚者、俗者、俭腹者看书识字，其书不得不从至粗至浅着想也。"他认为，编此书是写给工农大众看的，所以内容通俗易懂，选材颇有乡土气息，文风情趣盎然，过目令人难忘。其实用性也是显而易见的，学童可做教材，学者可做资料，咏歌可做唱本，娱乐可做谜书，出门有图做指南，读史有文可参考，写作尽可摘句，识字自有辨析。

再编《沪谚外编》

初版《沪谚》在社会上的良好反响，强烈地激励了胡祖德。民国十年(1921)前后，他集中精力，将初版《沪谚》的内容进行大量扩充，请人抄写誊清，准备再版。

民国十一年(1922)3月，胡祖德请上海著易堂书坊将《沪谚》再版发行，因增加了不少内容，他又担忧木刻制版太费时间，于是索性以石印版手写影印本形式刊行。这个版本分为上下两册，在封面加了"再版"两字，用有光纸印刷的定价大洋四角，用中国连史纸印刷的五角五分。

《沪谚》的这一版本，质量与数量有了明显的变化，全书篇幅增加了许多。胡祖德为书中的条目增加了"读音"与"义典注释"，内容仍以当地生活和日常事理为主，但涉及面更加广泛。书中所辑谚语，以上海地区的为基点，又兼以江苏、浙江、天津等地的谚语作对照，并与英国、法国、意大利等国家的西方谚语相比较。更有意思的是，书中竟然还收录了富兰克林、杰弗逊、拿破仑等西方名人名言，与含义相近的沪谚相映成趣。除汇集了近代沪谚外，还兼收大量古谚，作为沪谚探溯源流的参考。

这次《沪谚》再版时，胡祖德邀请出生于南汇县、时任浙江省立第二中学（今嘉兴市第一中学前身）教师的陈祐生（字祚昌）撰写了序言。

再版的《沪谚》一书更加好销，后来继续再版补印仍供不应求。胡祖德也趁每次再版之机，不断地扩充《沪谚》的内容。

民国十一年（1922）年底，胡祖德索性将原《沪谚》的上卷扩编成上下两卷，收入谚语近 2 000 条，以多取胜；将原《沪谚》的下卷改名为《沪谚外编》，所收民谣增至 100 余首，并收录了大量其他内容。

次年 1 月，《沪谚外编》正式出版发行，分上下两册，也是上海著易堂书坊的石印版手写影印本，用有光纸印刷，定价大洋五角。因时间仓促，《沪谚外编》的编排仅以收录先后为序，没有归类编辑，显得有些凌乱。胡祖德将署名改为“问俗闲翁云翘氏”，并请同乡好友、上海名医秦伯未题写书名，由三林学校教师孔祥百撰写序言。

当时，上海地区涌现出了一批俗文化书籍，巧的是不少作者均为安徽胡氏。广益书局出版著名学者胡朴安（1878—1947，本名有忭，字仲明，号朴安，以号行世）等编的《俗语典》，从语言学的角度，将见于古籍中而仍在今世妇孺之口出现的谚语、俗语、成语、常用语言等考出其出处，汇编成书。胡适的族叔胡祥翰，是上海掌故专家，编写了《上海小志》。另有汪仲贤等人注重当时上海城区市民流行的俗语，编写了《上海俗语图解》等，在报刊上连载而引起广泛关注。1926 年 6 月，刘复（字半农）将用吴方言写的“借鬼说事”的清代讽刺小说《何典》标点重印，由鲁迅作题记，使其在五四新文化运动中得到广泛推崇，产生了强烈的社会效应。

胡祖德密切关注着上海城区的动态，同时广泛采撷相关资料。1936 年夏季，他在编著《沪谚外编》第三版时，又收录了 300 多首上海里巷歌谣、宝

塔诗、竹枝词，以及《卖妹成亲》《陆雅臣卖娘子》《孟姜女寻夫》《张凤山卖布送人情》《庵堂相会》《陈九仙求子》《僧鞋记》《白娘娘报恩》《小方卿道情》《斩白獭》等十多个滩簧唱本和《花名宝卷》《怀胎宝卷》宣卷唱本，内容更加丰富。为壮声势，他又请秦锡圭为再版重新作序。

《沪谚外编》辟有《新词典》专栏，收录了上海城区的一些沪语新词，从释文来看，是为“乡下人”了解社会时事、城区时尚而收录的。如其中有“野鸡”一词，胡祖德做了这样的解释：“野鸡，沪妓下等者之称，引申其义，凡营业之无行无帮，无统系者，皆为野鸡，如野鸡挑夫，野鸡东洋车，野鸡轮船皆是”。又如对于“流氓”一词，他的注释称：“浮浪为事者，犹日本谓浪人，北京谓土混混，杭州谓光棍，扬州谓青皮。”

“口袋书”《谜语千首》

70岁之后的胡祖德依然关注着陈行地区的平民教育。他发现“今各处提倡识字运动，一般成年之耕夫织女，到校后呆坐无聊，殊少意兴，又鲜相当之课本，以资教授”。他看在眼里，记在心里，盘算着如何为初识字者提供一种有趣而易学的课本。

民国二十五年（1936）春，胡祖德想到可专门为他们编印一本谜语专集，于是整理出近千首乡土谜语，马上叫人分类誊抄，于四月付印成便于随身携带的“口袋书”，取名《谜语千首》，分上下两册，自题“上海六桥老人胡云翘辑”。

胡祖德在卷首《前言》中写道：“谜语，隐语也。《北史》试作一谜，当思解之。《文心雕龙》自魏代以来，颇非俳优，而君子隐化为谜语。谜也者，回互其词，使昏迷也。今北京人谓之破闷。”他还在《谜语千首》序言中说明了编印情况，称：“尚文尚志，分类誊抄。前后一月，仓猝付印，未及细校，有重复着，有大同小异者，有词义不佳，亟应删去者，拉杂无当，在所不免。俟大雅君子教正，当择其精者，他日再版也。”

胡祖德将《谜语千首》免费散发给当地识字班的学员，人们感激不已。

由于此书便于携带,学生们随时可以开猜,促使猜谜活动在四乡八镇开展起来,有效地推进了平民识字运动。

1937 年 11 月,侵华日寇占据上海后,社会骤然发生巨大动荡,胡祖德为之忧愤难平,闭门不出,埋头汇编《四言俗语》,可惜书未编成即患病卧床。

民国二十八年(1939)春夏之交时,胡祖德病逝于家乡,终年 79 岁。

让沪谚永葆青春

胡祖德的《沪谚》《沪谚外编》,纵贯古今,博通中外,所收录的内容包罗万象,极为生动地描摹了清末民初上海城郊乡村生活的各个角落和城区社会生活的各个层面,不仅为后人了解上海地区清末民初时的社会生活留下了珍贵的史料,又为后人研究当年中西文化交融的过程提供了佐证,被中外民间文化研究者视作上海地区原创性代表作。

胡祖德的《沪谚》《沪谚外编》是世上最早成书的上海乡土谚语专集,此后也没有出现可与其相媲美的著作。因此,它具有独特的历史价值和文化价值,它所产生的社会影响必然是极为深远的。

在胡祖德的家乡及其周边地区,《沪谚》和《沪谚外编》曾是家喻户晓的普及读物,随处可见。可是从 20 世纪 50 年代起,这些书籍逐渐不再流传,以致 80 年代末文化部门像寻觅珍宝一样进行普查,竟然也没有觅到一册原本。上海县文化馆在 1986 年组织民间文学集成普查工作时,大规模地进行实地采风,从人们的口中采录到风土谚语达 1 000 多条。事后与寻觅到的一册《沪谚》对照,竟然大多相同。可见,在这近 40 年岁月里,虽然没有文本参读,但这些已经深入人心的乡土谚语,人们仍在口口相传、广泛应用。

2007 年 5 月,“陈行谣谚”被列为上海市首批非物质文化遗产保护项目,同时着手申报国家级名录。经过一番曲折,两度申报,最终将“陈行谣谚”项目扩展为“沪谚”项目。2011 年 5 月,“沪谚”项目终于被列入第三批国家级非物质文化遗产名录。

方言使情感自然流露，谚语让思想生动表达。沪谚是上海语言的精华，是海派文化的亮点。沪谚不但应当被保护，而且应当持续地被弘扬和发展。我们要让沪谚焕发魅力，永葆青春，为我们的生活增添生机，使未来的上海更加美好。

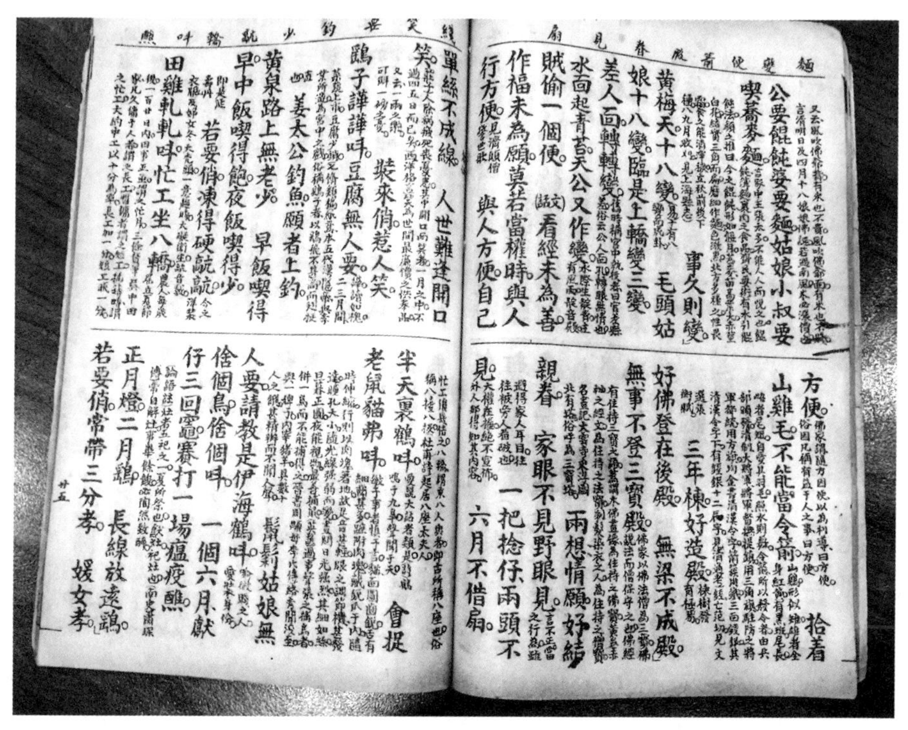

公要餛飩婆要麪，姑娘小叔要喫蕎麥麪。
黃梅天十八變。毛頭姑娘十八變，臨是上轎變三變。
事久則變。
差人面轉轉變。
水面起青苔。天公又作變。
賊偷一個便。
(話文)看經未為善。
作福未為願。莫若當權時與人行方便。
與人方便自己方便。
山雞毛不能當令箭。
拾着
三年棟好造殿。
好佛登在後殿。
無事不登三寶殿。
無梁不成殿。
兩想情願好結
親眷
家眼不見野眼見。
一把揜仔兩頭不見。
六月不借扇。

單絲不成線。
人世難逢開口笑。
鷄子譁譁叫。豆腐無人要。
裝來俏惹人笑。
姜太公釣魚，願者上釣。
黃泉路上無老少。
早飯喫得早，中飯喫得飽，夜飯喫得少。
若要俏，凍得硬䟹䟹。
田雞軋軋叫，忙工坐八轎。
半天裏鶴叫。
會捉老鼠貓弗叫。
鬅鬅鬅姑娘無人要。
人要請教是伊海鶴叫。
一個六月獻
倫個鳥倫個叫。
行三回竈賽打一場瘟疫醮。
正月燈，二月鷂。
長線放遠鷂。
若要俏，常帶三分孝。
媛女孝。
廿五

《沪谚》书影

蒋荣兴红木家具制作技艺

几番流转到浦锦

上海开埠之后，人们的生活方式向都市化转变。20世纪初，江南各地手工艺人陆续汇聚上海老城厢。1916年，来自常州的19岁木工蒋良生为谋生，闯荡上海滩。他起初在城隍庙大殿广场设摊卖常州麻饼（即重油酥饼），生意不错。不久，发现上海红木家具更能结合自身的手艺，便有心掌握市场行情，钻研制作技艺。1930年，他以擅长修理红木家具在业内脱颖而出，在老城厢地区小有名气。1937年，他在福民街23号创立“蒋荣兴木器号”，收徒2名。为适应市场需求，他创新款式，精工细作，所产红木香几、套几和琴桌等突破传统模式，在市场竞争中占得先机。具有海派特色的蒋荣兴红木家具制作技艺随之形成。1956年1月，上海10家私营木器号合并成立“公私合营蒋荣兴木器商店”，在福佑路276号、人民路423号开设店铺。1962年，蒋荣兴木器商店划归市手工业局所属的工艺美术工业公司，改名为“公私合营蒋荣兴木器雕刻厂”。1966年，其奉命迁到上海县朱行地区，更名为“上海艺术品雕刻四厂”。1984年，艺雕四厂设立技术科，推出《红木家具工艺总规程》，生产的“奔马牌”红木家具成为上海家具出口的传统产品。1947年出生的杨听南和1958年出生的张介跃是艺雕四厂的技艺传承人。1986

年蒋中庆进厂,师从张介跃学习揩漆技艺。1992年,艺雕四厂解体后,蒋中庆不忘师恩,召回技术工人,自行创办“蒋华府木器号”,继续生产红木家具。2010年,他与木工韩建成,雕工肖留章、王寿群等一起传承艺雕四厂的家具制作技艺,成立上海雅典娜家具设计有限公司,入驻浦锦街道。

传统绝技皆匠心

蒋荣兴红木家具制作技艺的主要特点是基于传统又追求时尚。款式设计遵循“新颖、实惠、实用”的原则,注重传统工艺与现代生活需要的自然结合。

其根据客户的要求、房间的大小,绘制出家具图纸以及结构大样,进行定制。20多年来,蒋中庆为客户手工绘制图纸已逾300多份。

蒋荣兴红木家具是典型的“西式中作”,别具一格。外观的设计,大胆吸收西洋古典纹饰,而重点装饰的雕镂仍是中国传统的祥瑞纹样。

家具里藏有暗屉,是当年有钱人护财的需要。蒋荣兴红木家具至今还保持着这一特色。

蒋荣兴家具用红木为主料,从实际出发,隔里用香樟木、三合板等,既防虫防蛀,又节省成本,经济实惠。

蒋中庆坚守匠心精神,传承传统技艺,不断完善工序。他们所用的榫卯结构多为龙凤榫加穿带、燕尾榫、格角榫、直榫等。用圆凿、平凿、三角凿、斜凿等打荒坯,将层次结构交代清楚,再用修光的凿子扦出轮廓及细部,最后用刮刀修整家具表面,跟脚清晰,再交于漆工打磨。这是一件家具能否灵活生动的关键。

在制作过程中,不仅应用榫卯制作技艺和手工雕刻技艺,并坚持应用天然生漆进行揩漆,这是蒋中庆坚守前辈红木家具制作技艺的关键之处。生漆,纯天然,无污染,而且耐酸、耐碱、耐腐蚀、耐高温,出来的制品细腻光滑,尽现木头的纹理。反复打磨时,使用的是纯天然的木贼草、砂叶、竹制搽棒、苏木水、老棉花、马尾刷等。在上漆过程中,单批面漆要反复4次,揩漆更是达到 7 次，每次做完批面漆或揩漆工序后，都要送进荫房荫干。他们不厌其烦，将 15 道传统工序发展至 34 至 52 道工序。正是如此精细的操作工艺，才使家具达到光洁明亮，平滑圆润，符合精致生活的要求。

蒋荣兴红木家具制作技艺历代传承，至今不衰，2017 年被列入闵行区非遗保护项目名录。它实现了传统红木家具向海派红木家具的华美过渡，是研究中国家具发展史绕不开的经典个案。蒋荣兴红木家具用材讲究，设计时尚，技艺精湛，具有较高的艺术收藏价值。其技艺凝结着古人道法自然的智慧和精益求精的精神，且环保低碳、无污染，理应积极保护和推广。

2018 年 11 月，蒋中庆荣获“上海工匠”称号。

陈行套板葫芦

明清两代,“范制葫芦”极受皇室喜爱,称为“匏器”。康熙皇帝曾在中南海瀛台的丰泽园内种植此类葫芦,并设专人管理。当时许多文人雅士也都喜爱“范制葫芦”。但由于种植难度颇大,产量极其有限,成功的作品尤显珍贵。

清嘉庆至光绪年间,陈行老镇秦始道(字贯卿)书法韶秀,尤善画梅,在所居住的玉涵堂寓所种植葫芦,尝试自制葫芦器。儿子秦再增(1851—1938,字杏坪)从小看样学样,还尝试翻新花样,将所制葫芦器作为独家手作礼物赠给贵客。父子俩“植葫芦二株,预制套板,镂刻花纹,俟其初实笼之,使成方长、六角、八角,人物、花鸟、篆隶纹悉现,惟妙惟肖,巧夺天工”。秦荣光《上海县竹枝词》称:

长柄葫芦鹤颈同,古传此种出江东。
我家套板翻新式,篆隶书精花鸟工。

陈行秦氏范制葫芦主要流行于清代晚期,本地俗称“套板葫芦”“艺术葫芦”,制作技艺高超,品位脱俗,被乡人视为珍贵宝物,公认为地方名产。秦伯未亲见长辈们将葫芦器作烟斗盛物。曾有人赋诗感叹:“莫言依样画葫

秦始道画像

芦,一样葫芦几样模。纪出四方兼六角,法书名画迹工摹。”

1921年《陈行乡土志》特产篇记载:“套板葫芦。当葫芦初结时,套之以板。霜降实坚,摘下去皮,色如象牙。式则四方长方,六角八角。纹则篆隶花鸟,细若刻镂。贵游子弟,购置书斋,珍逾拱壁。陈行秦贯卿独擅其长。”

秦始道、秦再增所制成的部分葫芦器及套板由子孙精心收藏。秦家珍藏祖传套板,秘不外宣,存量有限,又难以仿制,以致制作技艺长期未曾向外扩展。

秦始道第五代孙秦大固在阅读著名学者、文物鉴赏家王世襄所著《中国葫芦》一书(上海文化出版社1998年出版)时,发现未曾记载江南制作葫芦器的史实,便与他取得联系,通报情况。王世襄闻讯,深感意外,2004年在他所著《中国葫芦》一书再版时，特意增补了《陈行乡土志》《周浦塘棹歌》关于陈行套板葫芦的文献资料，并称："以上记载虽时代较晚，但为罕有人知之江南范匏文献，且记述制者姓氏，证明此艺非北方所独有，故弥足珍贵。"

2008 年 5 月，套板葫芦制作技艺被列入闵行区第二批非物质文化遗产名录。

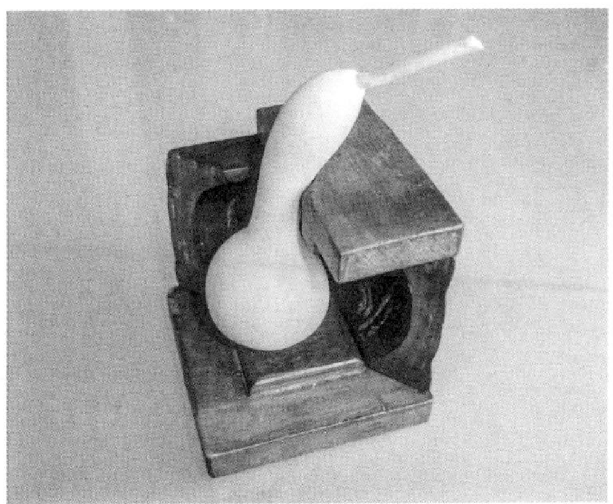

套板葫芦及模具

近浦村民间文艺表演队

2002 年，近浦村拳操队长老陆邀请竹匠李师傅，用毛竹劈篾扎成一条彩龙，从而组建了一支女子舞龙队。随后，发展成为民间文艺表演队，自己动手制作道具。李师傅又扎了 10 对花篮和 10 对花灯，用小扁担挑起来煞是好看。后又扎了 2 只荡河船、1 支摇橹、3 只蚌壳精。演出时，前面舞龙，后面挑花灯，随后 2 只荡河船，最后 3 只蚌壳精，队伍长有几十米。

2010 年，为了迎接上海世博会，近浦村又扎了一顶花轿，配有新娘、新郎、媒婆、轿夫和吹打手，再加 8 只大头娃娃，演出时热闹欢腾，浓厚的乡土风情令人陶醉。

丁连村锣鼓书表演队

2007 年年初，丁连村组建锣鼓书表演队，成员 4 名，由本村锣鼓书老艺人蒋根桥担任指导，演唱传统剧目。2008 年 3 月，特邀南汇锣鼓书代表性传承人谈敬德前来辅导后，成员迅速充实，并配齐演出道具和服装，在浦江镇第七届金秋闵行社区文化节新节目展演中获得优秀创意奖。

2010 年，为迎接上海世博会，锣鼓书表演队排演了《老夫妻学双语》。后来，队伍扩展到 21 人，先后排演了《欢欢喜喜度晚年》《打门球》等新节目。

“近浦大舞台”享誉四方

近浦村村民一向爱听、爱唱、爱看沪剧，2010 年村委会老龄委办组织“沪剧沙龙”，在村里文化活动室内自建“近浦大舞台”。每逢星期六下午，近 30 位沪剧爱好者汇聚到“近浦大舞台”，开展沪剧演唱交流活动，他们每个月要为村民们举行一次以彩唱节目为主的“乡音我来秀”演唱会。沙龙负责人李德川、凌慧琴始终充满着热情，企业家孙秋琴经常成为“主打明星”，杨福明全家多人喜欢演唱沪剧，人称“沪剧人家”。尽管近浦村位于浦锦街道的最西端，但“近浦大舞台”浓浓的乡音氛围吸引了越来越多的“沪剧迷”前去交流。

民间文艺演出队

附录

七百年历史建置沿革

元至元二十九年(1292),上海建县,本地属长人乡二十一保。

清雍正四年(1726),长人乡大部从上海县析出,分建南汇县。本地保留二十一保十六图、十七图、二十四图、二十九图、三十图仍属上海县。九思桥东为南汇县三区二十二图,射猎庙为三区十八图,中心河为二十一图。

光绪四年(1878),设杜行乡,属南汇县。

光绪三十一年(1905),设三林、陈行、杨思三乡联区,属上海县。

民国十七年(1928),设陈行乡,为上海县八乡之一。

1949 年 9 月,建陈行区(原上海县周浦区)。杜行地区为滨浦乡,属南汇县。

1949 年 11 月,陈行、塘口、题桥等分别建乡。12 月成立陈行区。

1950 年 6 月,杜行地区划归上海县,建立杜行区人民政府。

1957 年底,芦胜、近浦、恒星村由三林重归陈行。

1958 年,陈行地区属和平人民公社,杜行地区属八一人民公社。

1959 年 8 月,分别成立陈行、杜行人民公社。

1984 年,旧社设乡,分别成立陈行乡、杜行乡。

1993 年,撤乡建镇,分别设立陈行镇、杜行镇。

2000 年 10 月 18 日,陈行、杜行、鲁汇三镇合并成立浦江镇。

2015 年 6 月 16 日,上海市人民政府批复,将浦江镇的浦星路以西,丰收村和亭子村南面现有村界以北区域划出浦锦街道。7 月 2 日,闵行区浦锦街道办事处正式挂牌成立。

传统村宅一览

陈行村

一组：陈行中街

二组：东张家宅、顾家宅

三组：王家宅

四组：赵家宅

五组：严家塘、秋家车

六组：北王家宅

七组：陈行西街

八组：西张家宅、倪家宅、金家宅、胡家宅、顾家宅

九组：张家石桥

十组：长浜头

李巷村

一组：野三官堂

二组：孙家宅、沈家湾、计家圈

三组：李巷东宅

四组：郁家宅、曹家宅、工家宅

五组：康家宅、金家圈、北姜家宅、南陈塘宅

六组：徐家宅、李家圈、赵家宅

七组：东陈家宅、西陈家宅、绞圈宅

八组：李巷西宅

九组：南姜家宅

郁宋村

一组：蔡家宅

二组：陈行南街

三组：张家宅

四组：黄家宅、黄家石桥

五组：宋家宅

六组：陈家宅

七组：李家宅、金家宅、黄家宅

八组：火家堂、徐家里、龚家宅

跃农村

一组：龚家宅、西赵家宅

二组：金家宅、东夏家宅、顾家宅

三组：凤家宅

四组：徐家宅、荣家宅、王家宅

五组：康家宅

六组：诸家宅、凌家宅、任家宅、浜头宅

七组：李家宅

八组：油车宅、西夏家宅、孙家堂

九组：赵家宅

近浦村

一组：顾家里、储家圈、庄家塘、八字桥

二组：陈家圈

三组：老丁家宅

四组：李家宅

五组：许家桥东宅

六组：许家桥西宅

七组：曹家宅

八组：老丁家宅南宅

九组：董家宅、西石桥

塘口村

一组：计家宅、孙家桥、东孙家宅

二组：孙家宅、孙家桥

三组：王家宅、金家沙、孙家宅

四组、八组：塘口集镇

五组：染坊宅、新宅、杨家宅、陈家宅

六组：唐家塘、西孙家宅

七组：网埠宅

丁连村

一组：曹家塘

二组：金家塘、潘家塘、竹桥头、茅家堰

三组：东连家塘、枝杨圈、宅河圈

四组：浜东宅、浜西宅、小连家塘

五组：陶家宅桥

六组：蒋家宅、后蒋家宅、孙家宅、杨家宅、乔家宅

七组：周家宅、五间头、乔家宅、徐蒋宅

八组：鲁家宅、徐家塘、汤家塘

九组：新丁家宅、小连家塘

芦胜村

一组：李家宅

二组：中河集镇东街

三组：中河镇中街

四组：中河集镇西街

五组：小巷前

六组：孙家宅、潘家宅

七组：洪家湾

八组：庞信隆、野鸡窠、徐家里

九组：康家里、赵家里

十组：张家宅、北石桥

浦江村

一组：孙家里

二组：徐家里、金家里

三组：潘家宅

四组：胡家宅、洪家里、杜家里

五组：庞家圈

六组：张家里、王家里

七组：金家里

恒星村

一组：陶家塘南宅、周家里、李家里、河圈里

二组：九思石桥

三组：朱家圈

四组：华家宅

五组：乔里康北宅

六组：前乔家宅

七组：后乔家宅

八组：金八房、乔里康南宅

九组：楼底下

十组：凌家门、三埭头、陶家塘北宅

十一组：后乔东宅

叶凌村

一组：东叶家圈

二组：西叶家圈

三组：凌行浪、猎家湾

四组：王家宅

五组：晒旗场、赵家桥

六组：张家宅、东港南、九思石桥南宅、梅园宅

七组：木行头、蒋家里

八组：南行宅

九组：徐蒋宅、曹家里、杨家堰

丰收村

一、十一组：钱家宅

二组：康家宅、东库宅、小陆家宅

三、四组：施顾家宅

五组：何家宅、王家宅、汤家宅、郁家塘、楼下桥宅、新宅、南宅

六组：杜家塘

七组：汤杜家宅

八组：施家宅、汤杜新宅

九组：陈家宅、南范家宅

十组：旗杆头

十二组：穆家宅、邱家宅、乔家宅

勤俭村

一组：王家塘、乔家塘、新吴家宅、老鸦窝

二组：吴家塘、马家塘、杨家塘

三组：南赵家桥

四组：北赵家桥

五组：东邢宅

六组：邢家堰

七组：王家堰、张家宅

八组：沈家宅、西新宅

九组：西范行

十组：田度宅

十一组：东范行

十二组：陶家沙

十三组：枝墙圈

十四组：东邢家宅

新华村

一组：黄家桥（新宅、夏家宅、港南）

二组：孙家栅

三组：坟园（新屋里）

四组：黄家宅（三埭头、港西、小宅头、康家里、周家宅）

五组：周家宅（陈家里、金家宅、吴家宅、铁店里）

六组：张家店、孙家宅、沈家宅、赵家宅

亭子村

一组：石库门、刘家沙、南宅廊、张家宅

二组：东计家宅

三组：王家宅

四组：秦家宅

五组：西计家宅

六组：谈家宅、计家宅、张家宅

七组：黄家庙、孙家门、张家宅、南宅廊

八组：新村、刘家沙、孙家门、石库门、南宅廊、香店头、西计家宅

九组：香店头

十组：范家宅

浦锦街道现有文物保护点

名称	地址	年代
秦伯未故居宅院	徐凌村1组84—85号(陈行老街44号)	清
胡氏三寿堂宅院	陈行村1组71号	清
张家楼房	近浦村6组61、62号	1936年
胡信义商号住宅	徐凌村1组86号	清
秦家玉涵堂住宅	陈行村1组76号	清
秦家住宅	陈行村1组97—112号	清
康家师济堂住宅	芦胜村9组28号	清
庞家南荫堂宅	芦胜村7组41、42、47、48号	清
庞家诵德堂宅	芦胜村8组14号	清
塘口丁家住宅	塘口村4组40、41号	清
排马庙	跃农村2组	清
近浦丁家住宅	近浦村2组14、16号	清
保安桥	近浦村4组	清
庚新桥	近浦村9组	清

（续表）

名称	地址	年代
同圩桥	恒星村庞家宅老三林塘南侧	民国
恒星桥	恒星村 2 组	清
顺兴桥	浦江村 6 组 46 号东南角张家宅河上	清

上海闵行地方文史丛书

（闵行区文化发展专项资金资助项目）

第二辑

《浦江史话》
《吴泾史话》
《马桥史话》
《颛桥、莘庄工业区史话》
《梅陇、古美史话》
《莘庄史话》
《七宝史话》
《虹桥史话》
《华漕、新虹史话》
《江川史话》
《浦锦史话》

第一辑

《闵行秀·老屋大观》
《闵行秀·古迹寻踪》
《闵行秀·乡土墨客》
《上海闵行英烈》
《上海闵行红色地图》
《百年沪闵路》（修订本）
《海派乡土文化》（修订本）
《20世纪上海乡土图像》
《上海闵行历代著姓望族》
《上海闵行地方古籍提要》